市场化改革背景下的
电力服务体系创新

王莉芳　巨健　彭周　朱琳　著

机械工业出版社

本书基于对国内外服务创新、业务流程再造领域相关文献的梳理归纳，结合国内供电公司业务服务体系创新的实践，深入挖掘了大服务格局下地市级供电公司服务流程创新的研究热点问题，并从以下五个方面展开了研究：一是在客户需求分析、营销组织模式现状以及业务流程现状分析的基础上，得出供电公司电力服务体系创新的建设思路；二是构建地市级供电公司的新型组织结构、运营机制以及新型组织模式；三是采用 ECRSI 分析法进行业务流程优化方案设计；四是研究电力服务体系创新研究的保障机制及实施措施；五是从电力公司供给侧、客户需求侧、社会效益三个角度分析电力服务体系优化创新效果。

本书可作为管理科学与工程、工程管理及相关管理专业的博士生和硕士生，以及从事相关研究的专业人员进行理论研究的参考书，同时对从事电力服务体系建设与电力体制改革的工作人员也具有一定的指导作用。

图书在版编目（CIP）数据

市场化改革背景下的电力服务体系创新/王莉芳等著. —北京：机械工业出版社，2021.1（2022.7重印）
ISBN 978-7-111-67084-1

Ⅰ.①市… Ⅱ.①王… Ⅲ.①电力工业 - 工业企业管理 - 营销服务 - 研究 - 中国 Ⅳ.①F426.61

中国版本图书馆 CIP 数据核字（2020）第 253305 号

机械工业出版社（北京市百万庄大街22号　邮政编码100037）
策划编辑：吕　潇　　责任编辑：吕　潇
责任校对：郑　婕　　封面设计：马精明
责任印制：李　昂
北京捷迅佳彩印刷有限公司印刷
2022 年 7 月第 1 版第 3 次印刷
148mm×210mm・5.5 印张・1 插页・118 千字
标准书号：ISBN 978-7-111-67084-1
定价：55.00 元

电话服务　　　　　　　　　　网络服务
客服电话：010-88361066　　　机　工　官　网：www.cmpbook.com
　　　　　010-88379833　　　机　工　官　博：weibo.com/cmp1952
　　　　　010-68326294　　　金　书　网：www.golden-book.com
封底无防伪标均为盗版　　　　机工教育服务网：www.cmpedu.com

前　言

电力市场与国民经济运行情况有着紧密的关系，也对国家经济发展有着重要的意义。随着电力体制改革的不断推进，电力市场的逐步放开、逐步转型，形成由市场决定能源价格的开放性竞争式市场。同时，有关电力市场改革背景下的电力营销模式转型、企业管理创新、服务体系变革、清洁能源供应以及电力行业信息化等问题也成为学术界和企业界的研究热点。

在我国，电力市场作为自然垄断性市场，一直由政府管控，随着我国经济总量的不断增长，三大产业稳步发展，电力行业作为支柱产业，市场规模也随之不断扩大，逐渐出现了市场发展与政府管控之间的不协调的问题。因此，中共中央出台了《中共中央　国务院　关于进一步深化电力体制改革的若干意见》（中发〔2015〕9号），标志着我国电力体制改革的正式展开。这样的市场变化也标志着电力市场将逐渐从卖方市场转型为买方市场，电力用户具备了选择不同供应商的能力，促使电力企业提升服务水平，提升客户满意度。同时，售电环节的准入条件放开与直接交易的推进也加强了电力市场的竞争性，对于传统的电力企业来说，电力体制改革向企业施加了来自竞争者与用户的双重压力。

在这样的背景下，研究电力服务体系创新既是顺应市场发展的需求，也能为企业面对市场发展进行管理决策提供研究基础，同时对提升电力用户在电力市场的议价能力，指导电力企业内部变革和促进电力体制改革进一步深化具有一定的参考价值。因此，研究市场化背景下电力服务体系改革具有重要意义。

基于上述背景，本书主要研究内容如下：

1）研究目前地市级供电公司进行电力服务体系创新的宏观环境，并且对目前国家相关政策进行分析与研究，确定行业发展趋势，以此提出地市级供电公司电力服务体系创新的框架。

2）研究地市级供电公司的服务支撑体系，对现状进行分析，确定目前的建设思路、组织结构、业务流程与保障措施中存在的问题。

3）构建市场化改革背景下地市级供电公司电力服务体系，全方位优化电力公司服务体系的建设思路、组织结构与业务流程，提出适合新时代市场环境的（包括建设思路、组织机构与业务流程在内的）、优化后的服务体系内容，并将新型服务体系应用于A供电公司以验证其可行性和可靠性。

4）研究地市级供电公司基于电力服务创新后的建设路线、组织结构与业务流程的保障措施，内容包括组织保障、技术保障、管理保障与制度保障。

5）分析优化后的地市级供电公司服务体系预期效益，包括预期管理效益、经济效益与社会效益，并运用A供电公司试点情况对各预期效益进行验证。

本书从服务体系本质出发，以建设思路、组织结构、业务流程与保障措施四个服务体系构成为基本点，逐步进行创新优化，最终为构建完善的市场化改革背景下创新型服务体系提供了方案。此外，还针对地市级电力公司进行实地研究与优化，在理论基础上强化了本研究的应用性，最终提出具备推广性的新型电力企业服务体系。

本书得到"2021年陕西省软科学研究项目大数据环境下陕西省智能电网短期负荷预测研究"项目的资助，也是本项目的前期研究成果之一。

本书第1、2章由王莉芳、彭周、朱琳撰写；第3章由巨健、王莉芳、彭周撰写；第4章由王莉芳、巨健、朱琳撰写；第5、6章由王莉芳、巨健、彭周撰写；第7章由巨健、彭周、朱琳撰写；第8、9章由王莉芳、彭周、朱琳撰写。国家电网陕西省电力公司的梁晴、张文桐也参与了课题研究，并负责前期资料搜集和后期整理工作，对本书的编写过程提供了较大帮助。

本书在编写过程中得到了国家电网陕西省电力公司总部的参与和支持，在此致以深深的谢意！本书编写过程中参考和引用了诸多前辈和同行的研究成果，同样在此对他们表示衷心感谢！

由于我们水平有限，书中难免存在疏漏与不妥之处，望读者见谅，同时恳请各方面的专家、学者以及广大读者批评指正。

作者
2020 年 12 月

目 录

前言

第1章 引言 ·· 1
  1.1 研究背景与意义 ·· 1
  1.2 国内外相关研究现状 ···································· 3
    1.2.1 国外相关研究现状 ································· 3
    1.2.2 国内相关研究现状 ································· 7
    1.2.3 国内外相关研究评述 ······························· 11
  1.3 研究内容、方法及技术路线 ······························ 12

第2章 相关理论基础 ·· 15
  2.1 "互联网+"相关理论 ···································· 15
  2.2 服务营销理论 ·· 17
  2.3 组织结构变革理论 ···································· 20
  2.4 业务流程再造理论 ···································· 23
  2.5 瓶颈理论 ·· 28
  2.6 客户细分理论 ·· 30
  2.7 本章小结 ·· 31

第3章 地市级供电公司电力服务体系现状分析 ················ 33

3.1 供电公司电力服务体系构成 …… 33
3.2 供电公司电力服务客户需求分析 …… 34
   3.2.1 客户细分情况 …… 34
   3.2.2 客户满意度情况 …… 36
   3.2.3 客户需求情况 …… 41
3.3 供电公司营销组织模式现状及存在问题分析 …… 46
   3.3.1 现有营销环境分析 …… 47
   3.3.2 营销组织模式建设现状 …… 60
   3.3.3 营销组织模式存在问题分析 …… 63
3.4 供电公司电力服务业务流程现状及存在问题分析 …… 65
   3.4.1 流程选择和分析方法 …… 65
   3.4.2 电力服务典型业务流程 …… 66
   3.4.3 电力服务业务流程存在问题分析 …… 73
3.5 本章小结 …… 76

第4章 地市级供电公司电力服务体系创新建设思路和框架 …… 78

4.1 供电公司电力服务体系创新建设的依据 …… 78
4.2 供电公司电力服务体系创新建设的目标 …… 79
   4.2.1 服务功能目标 …… 79
   4.2.2 服务手段目标 …… 83
4.3 供电公司电力服务体系创新建设的原则 …… 86
4.4 供电公司电力服务体系创新建设的实施路径 …… 87
4.5 供电公司电力服务体系创新的框架内容 …… 88
4.6 本章小结 …… 90

第5章 地市级供电公司创新营销组织模式的构建 ……… 91

5.1 构建依据 ……… 91
5.2 创新营销组织结构的构建 ……… 92
5.2.1 "强矩阵"式组织模式的构建 ……… 92
5.2.2 "1+N"模式的构建 ……… 94
5.2.3 新型营销组织结构 ……… 97
5.3 创新运营机制的构建 ……… 99
5.3.1 打造便捷高效的中小客户服务模式 ……… 99
5.3.2 打造主动增值的政企客户服务模式 ……… 100
5.3.3 打造线上线下一体化的渠道融合服务模式 ……… 101
5.3.4 打造营配合一的全能型网格化综合服务体系 ……… 104
5.3.5 建立横向服务协同工作机制 ……… 105
5.3.6 建立责任清单和考核机制 ……… 106
5.3.7 建立人才激励和考核机制 ……… 106
5.4 创新组织模式的构建 ……… 106
5.5 本章小结 ……… 107

第6章 地市级供电公司电力服务流程优化 ……… 108

6.1 业务流程优化基础 ……… 108
6.1.1 优化依据 ……… 108
6.1.2 优化工具 ……… 110
6.1.3 优化目标 ……… 111
6.1.4 优化原则 ……… 111
6.2 业务流程优化方案 ……… 112

6.3 业务流程优化应用 ·················· 117
   6.3.1 业扩报装管理流程 ·············· 118
   6.3.2 95598 故障报修管理流程 ········· 119
   6.3.3 95598 客户投诉管理流程 ········· 121
   6.3.4 交费方式业务流程优化 ············ 124
6.4 本章小结 ······················ 126

第7章 地市级供电公司电力创新服务体系实施保障机制及实施措施 ·················· 127

7.1 供电公司电力创新服务体系实施保障机制 ······ 127
   7.1.1 组织保障机制 ················ 127
   7.1.2 技术保障机制 ················ 128
   7.1.3 管理保障机制 ················ 132
   7.1.4 制度保障机制 ················ 133
7.2 供电公司电力创新服务体系实施措施 ········ 135
   7.2.1 利益相关者层面 ··············· 135
   7.2.2 营销职能管理层面 ·············· 136
   7.2.3 业务执行层面 ················ 138
   7.2.4 优质服务层面 ················ 141
   7.2.5 智能用电层面 ················ 144
7.3 本章小结 ······················ 150

第8章 地市级供电公司电力服务体系创新效果分析 151

8.1 供电公司供给侧优化预期影响 ··········· 151
8.2 供电公司客户需求侧优化预期影响 ········· 153

8.3 供电公司社会效益优化预期影响 …………………………… 155
第9章 总结与建议 ………………………………………………… **157**
9.1 总结 ……………………………………………………… 157
9.2 建议 ……………………………………………………… 159
参考文献 …………………………………………………………… **162**

第 1 章

引言

1.1 研究背景与意义

电网公司作为关系国家能源安全和国计民生的国有重点骨干企业，是服务保障民生的重要力量。自国务院于 2002 年下发《电力体制改革方案》（国发〔2002〕5 号）以来，我国电力市场从根本上改变了指令性计划体制和政企不分、厂网不分等问题，初步形成了电力市场主体多元化竞争格局。电网规模与发电能力位列全球第一且电力服务水平得到显著提升，电价形成机制逐步完善，电力市场化交易取得重要进展。但随着我国市场经济的不断发展、人民生活水平的不断提高，党的十八届三中全会启动了全面深化改革的战略布局，强调要逐步释放市场活力，让市场机制在优化资源配置方面发挥更大的作用[1]。对于电力市场而言，在第一轮电力体制改革之后取得一系列成果的同时也出现了电力市场交易机制缺失、市场化定价机制待完善、政府职能转变不到位、发展机制不健全与立法修法工作相对滞后等新的问题，而全面深化改革的战略布局也对电力市场提出了进一步深化改革的要求。为响应全面深化改革的号召,2015年,党中央、国务院出台了《中共中央 国务院 关于进一步深化电力体制改革的若干意见》(中发〔2015〕9号),又称为9号文。文件指出国家有关部委要牵头推动好电力定价机制、交易机制、售电机制等方面的改革,以制度完善深化改革成效,在改革中健全制度,加快建立出科学高效、规范有序的电力市场体系,为行业发展营造出良好的环境。要切实认识到,电力虽然具有一定的特殊性,但本质还是属于商品,应当遵循市场机制的有关原理和规律[2]。

随着电力体制改革的进一步深化,促使电力公司不断提升电网和公司发展质量,并在助力结构调整、布局优化、动能转换等方面取得了显著成效。但就电力市场而言,电力体制改革打破原本电力行业内的垄断状态,国家发展改革委和能源局出台的《关于推进输配电价改革的实施意见》《关于电力交易机构组建和规范运行的实施意见》中提出了电力市场输配电改革、电力市场构建、交易机制规范、自备电厂监督管理、售电侧改革等各个方面的新要求[3],且文件中明确指出在售电端打破垄断,即向社会资本开放售电业务,通过逐步放开售电业务进一步引入竞争,鼓励越来越多的市场主体参与售电市场[4]。售电侧的放开意味着电力市场将迎来更多的新进入者供客户进行选择,为了抢占市场放开后的电力客户,为客户提供更高水平,更全面的服务成为吸收客户的重要途径,因此,构建适应市场化体制改革的服务体系成为电力公司在客户侧的重要工作内容。

为了适应电力体制改革下电力市场的变化,提升客户满意度,吸引更多电力客户，国家电网公司（下文简称国网公司）于2018年发布了《国家电网公司关于坚持以客户为中心进一步提升优质服务水平的意见》（国家电网办〔2018〕1号，下文简称国网1号文），文件从战略层面明确指出坚持以客户为中心提升优质服务水平是响应全面深化改革战略号召、服务人民群众美好生活需求与公司提升竞争力的重要举措[5]。同年，陕西省供电公司颁布了《国网陕西省电力公司关于各地市公司成立供电服务指挥中心（配网调控中心）的批复》（陕电人〔2018〕72号），批复同意陕西各地成立供电服务指挥中心（配网调控中心），文件中提出了公司机构调整，对公司范围内员工编制进行了调整，并明确了供电服务指挥中心内设机构及人员编制，包括承担公司配网调度控制运行值班、配网抢修指挥、配电运营管控、客户服务指挥、服务质量监督、营配调技术支持等业务[6]。

多项政策的颁布均表明构建服务型企业为市场化改革背景下的迫切要求，为企业组织结构优化和流程重组提供了良好的政策环境，同时也说明市场化体制改革背景下创新型服务体系的构建势在必行。为适应电力改革新形势和客户服务新要求，打造卓越的供电服务能力、市场开拓能力和能源服务新业态发展能力，本书将对市场化改革背景下的电力服务体系创新进行研究。

1.2 国内外相关研究现状

1.2.1 国外相关研究现状

目前国际上关于服务创新与业务流程优化的相关研究相当丰

富。创新理论自从熊比特（Joseph Alois Schumpeter）首次应用经济学方法和概念提出后不断发展，包括产品创新与工艺创新等领域都成为发展的热点。虽然熊比特对创新概念进行了泛化，提出了开辟新市场、获得原材料的新来源、实现厂商组织的新形式等创新形式，但没有针对服务创新提出具体的形式。大量学者基于熊彼特的创新理论对服务创新进行了扎实的研究。Aa[7]定义了广义的服务创新，指出服务创新是指对于厂商和环境或者潜在的竞争对手来说新的思想、实践和目标，服务创新的典型形式主要有跨单位组织、新服务融合、消费者参与和技术创新。Tidd[8]认为服务创新是指产生新的、发生明显变化的服务观念或服务交付系统，它通过提供新的或改进的解决问题的办法，为客户提供更多的附加价值。Bart[9]则从服务创新的影响要素出发，指出服务创新是新的或大幅度改变的服务概念、客户互动渠道、服务交付系统或技术，它们单独或共同导致一种或多种新的服务功能出现。Berry[10]认为服务创新活动包括增加新的服务、扩展现有服务、改进服务提供方式。Marja[11]指出创新是可复制的，即创新通过模仿进行扩散，从而促进其他厂商乃至整个经济的发展。

同时不少学者将研究方向转移到服务创新的具体内容与内核。Tidd[12]把创新分为激进创新与渐进创新两类。Sundbo[13]通过分析组织学习和创新的区别，指出学习和创新都是企业的发展现象，它们使企业成长并面对未来的市场挑战。但学习过程代表一个平滑的连续发展。创新则产生跳跃。创新比学习是一个范围更广的现象。Ghauri[14]指出文化背景对营销产生的影响及重要性，并且面对新的竞争环境、不断变化的营销结构以及各方面对伦理和社会责任重视程度的不断提升，对管理创新、技术创新和服务创新也提出了更高的要求，也更大程度影响着客户满意度。人的价值观及行为、互联网技术的应用对营销活动产生着巨大的影响，从而也造就了巨大的市场机会。Trout[15]针对服务创新提出单纯的"满足需求"无法真正赢得客户并建立长期稳定的关系，只有进入客户心智以赢得选择才是正确的定位之道。Slywotzky[16]提出在新的经济环境下，服务策略的制定除了运用"STP战略"和"7P策略"之外，更需要考虑客户需求，进行服务创新。在日常的各类事项及活动中总结提炼需求，通过合理的营销任务排列组合激发客户产生共鸣，从而增强产品的魔力及黏性。

在服务创新现实应用上，美国从1978年就展开了电力市场改革，其中服务功能改革也是美国电改的重要一环，目前，美国的输电、配电市场已经独立，同时放开了发电市场与售电市场，实现了发电侧和售电侧的充分竞争。美国售电公司市场营销模式成熟，营销策略多样化，各公司通过不同的营销策略组合，形成了自身的特点。在产品策略方面，美国售电公司的产品策略包括：质量策略、定位策略、定制化策略和增值服务策略四个方面，每个方面还有若干细分策略，不同地区的售电公司可以根据需要采用不同的策略组合。根据不同策略为客户提供了多元化的服务功能。美国售电公司更注重以用户为中心，围绕用户需求，致力于提升用户生活质量。美国的绿山能源（Green Mountain Energy，GME）通过为用户提供定制化产品和多元化增值服务与用户实现共赢，例如它通过与智慧家居型企业Nest公司合作，针对空调使用率较高、用电量较大的用户，为其提供智慧自动调温器，帮助这部分用户节省电能，降低用电成本。太平洋天然气与电力公司（PG&E）通过为用户提供需求侧响应服务，在确保用电安全、可靠性的前提下，提升用户用电、用能水平，降低电价，其主要的做法包括三种：一是分时定价；二是通过激励补偿制度培养用户错峰用电的习惯；三是通过加强与供水、供热、供气等企业的合作，帮助用户在用电高峰转换供热供电系统，在不影响用户正常生产生活的前提下，完成需求侧响应[17]。

业务流程再造理论最早由 Michael Hammer 提出，Hammer 通过对研究过程中的多个案例进行深入分析，认为只有抛弃传统流程规则与假定条件，使用现代信息技术对业务流程进行重新设计，才能够最大限度地提升企业绩效[18]，同时 Hammer 明确了业务流程再造的定义：业务流程再造是一种对企业原有业务流程进行全方位改造的一种管理活动，使企业能够进一步完善自身生产经营管理工作，从而适应当前市场环境的变化。相较于传统分工理论，业务流程再造理论存在以下优点：以业务流程为导向、以客户为改革目标、满足客户需求、帮助企业获得良好的发展、基于信息技术开展改革工作[19]。

关于业务流程再造的研究目前主要集中在业务流程再造的意义与业务流程再造的方法。Davenport[20]认为企业若想要获得更好的发展，就必须要对自身原有商业模式进行改革，从而满足自身发展需求，而改革的关键之处就是业务流程的创新。从其研究成果来看，业务流程再造必须要结合企业自身实际情况，结合人力资源与信息技术，对自身流程进行彻底的改革，从而提升企业流程绩效，并将其应用于组织结构与人力资源完善工作当中。Peppard[21]基于传统流程再造理论提出了新的流程再造理论。他认为业务流程再造可以通过以下两种方式来完成：第一种是由企业设计一种全新的流程体系，也就是说企业忽略原有流程，从基础开始设计出一种全新的流程；第二种则是系统改造法，该方法是在原有流程基础上进行完善的方法。Horak[22]对流程再造的定义进行了更新：一种帮助企业提升自身产品或服务质量的方法，还能够完善企业管理流程。他根据流程管理的工作顺序将其分为这几个步骤：准备工作、流程选择、流程量化与实时改善等，如果通过以上工作还不能改善企业的流程管理，那么就需要再次重复这些步骤，直至企业流程绩效出现明显改善。Zairi[23]认为流程管理能够帮助企业完善自身销售、通信等工作，并通过实际案例对关键因素进行了阐述分析。Krajewski[24]在相关文章中表明：流程管理并不是一项墨守成规的活动，其始终处于动态变化当中，但是其在设计过程中必须要遵守相应原则。

1.2.2 国内相关研究现状

国内的学者针对服务创新与业务流程优化也进行了本地化与行业化的研究。在服务创新研究领域，我国学者对服务创新进行了适应各行各业与应用场景的研究，而针对电力市场服务创新理论的研究也形成了较丰硕的成果。刘邦伟[25]指出"互联网+电网"服务战略的重要性，在保障电网安全稳定运行的前提下，应进一步经营好服务工作，以服务提升企业的形象和效益。马建宁[26]指出目前电力营销市场及供电企业发展存在市场体系不完善、电价制定尚未彻底放开、整体服务质量亟待提升等三大问题，严重制约着供电企业的发展。供电企业要强基础谋发展，就必须创新管理理念，通过价格机制的创新、管理结构的创新重新建立企业的核心竞争力，以适应未来电力市场的改革和发展。冯爱莲[27]提出建立电力营销责任体系是提升服务质量和效率的关键，供电企业未来的营销策略应当以"保市场、挖增长"为主要战略路线，即对于传统的电力市场，供电企业应当全面做好普遍服务，以"普遍服务＋增值服务"的方式服务各类客户群体，统筹兼顾，强化客户关系管理，巩固传统电力市场地位。另一方面，要着力挖掘及发现社会生产及居民生活的电力增长点，以节能环保、绿色发展为导向，做好客户需求引导，提升供电企业社会效益和经济效益。屈金国[28]指出转变营销理念、充分挖掘细分市场是供电企业当前的战略重心，良好的服务质量是践行"以人为本"营销理念的标准及体现，也是营销是否成功的重要影响因素，是拉近与客户间距离、强化与客户间沟通的重要举措。同时指出做好市场调研的重要性，抓准进入市场，采用综合性、多样化的服务营销策略，是抓住目标客户、留住优质客户的关键，也是取得客户、企业、相关利益方等多方共赢的重要前提条件。

针对业务流程再造的研究自1994年由陈禹六教授首次引入中国学术界之后，不断发展，取得了丰硕的研究成果。俞东慧[29]提出业务流程再造在实施过程中必须考虑战略、流程、人员、组织结构、信息技术等五个关键变革因素，并指出业务流程再造的实施有革命性变化和渐进性变化两种策略，要根据业务流程再造项目所处的不同阶段、企业的规模和历史、员工的不同层次等方面的实际情况来确定是采取革命性变化的策略还是渐进性变化的策略。王建仁[30]从知识管理的角度分析了流程知识的特征,将流程知识基于业务流程生命周期理论分为流程分析知识、流程设计知识、流程建模知识、流程实施知识和流程评价知识五个类别,然后针对不同的流程知识提出了相应的管理策略,以满足企业业务流程管理的知识需求。水藏玺[31]通过将价值链理论、生命周期理论与业务流程再造理论的研究相结合,进行了大量的实例论证,对业务流程再造的代表性理论进行了比较分析,总结出了业务流程再造的七步骤模型,把流程再造分为企业战略澄清、标杆选择、流程诊断、新流程设计、新流程实施、流程实施状况评估和持续改善七个核心步骤。张瑞莲[32]利用VA/NVA流程图分析法对流程再造过程进行了思路整理,认为考察构成一个流程的各项工作任务可以大致分为三类:增值活动、非增值活动、浪费。并以此提出了通过流程价值进行关键流程优化的方法。

目前国内电力市场的服务体系创新情况在应用层面也取得了相当规模的发展。国网宁波公司在2017年9月就推行了"三型一化"营业厅,率先实现了线下营业厅"智能型、市场型、体验型、线上线下一体化"建设,是国网公司系统首个实现线上线下一体化转型的营业厅,依托"掌上电力"APP、"电e宝"、电魔方、微信公众号等便民电力产品,客户在手机上就能完成增容、过户、更名等16项常规业务,让客户办理业务"一次都不用跑"。营业厅还实施"体验型"服务,通过建立客户标签库,在排队、引导分流、业务办理、客户评价等过程中,针对客户类型及业务轨迹开展了自动推送服务,并面向大客户设置专属化、专业化的服务区域，实现了精准服务。除了办理业务，在营业厅内，客户还能实时体验到智能供电方案。客户可通过互动显示屏进一步了解关于智能家居、安全用电的相关知识，方便客户更好地选择智能供电方案。营业厅还通过微电网沙盘向客户推广光伏发电、风力发电、电动汽车、港口岸电等电能替代项目。国网哈尔滨供电公司于2018年构建了"前端服务坚强、服务管理精益、服务支撑有力"的供电服务新体系，在供电服务新体系中，哈尔滨供电公司以客户需求为导向，优化和完善各项业务的工作流程，实施政企客户经理制，为政府大项目开辟绿色通道，提供"一对一"服务，确保了大项目"早用电、用好电"。实施低压配电运维、设备管理、营销服务于一体的台区经理负责制度，按照连片、就近、方便的服务原则，确保每名客户都有自己的"电管家"。在前端服务方面，哈尔滨供电公司将把营业厅作为新业务宣传推广的桥头堡，窗口人员重点推广"互联网＋供电缴费"，积极引导客户应用线上服务渠道，让客户足不出户实现缴费，逐步构建"智能型、市场型、体验型"和线上线下一体化为特征的互动化营业厅。在服务管理方面，哈尔滨供电公司强化供电服务监督保障，从客户视角出发，完善服务监督评价体系，深入开展第三方满意度评测。坚持"管专业必须管服务"的工作模式，坚持"日分析、周通报、月考核"，加大违规惩处力度，加强服务数据分析，促进问题整改、形成闭环管理，持续开展明察暗访，有效提升服务水平。在服务支撑方面，哈尔滨供电公司密切关注宏观经济环境，重点跟踪能源、制造和农业生产等主要用能行业；发挥末端融合优势，建立高效运转的"绿色通道"，对大项目实行一对一跟踪，全过程闭环管理；服务电能替代项目建设，广泛宣传电能替代新技术，提高清洁取暖比重，推动政府扩大"煤改电"改造范围和规模。

1.2.3 国内外相关研究评述

对于电网企业而言，服务体系的转变是目前研究的重点、热点问题，供电企业的发展面临着巨大的机遇和挑战，服务功能与服务手段的创新是企业面临新的市场环境与技术环境的必然选择，"大服务格局"的构建对电力企业提出了全新的要求。流程管理不仅表现出了规范化的流程作业思想，还表现出了流程优化思想等，这表明流程管理是各种流程改进思想的综合体，其目的是帮助企业建立一套完善的流程管理体系，从而解决企业流程再造工作中的问题。国网宁波电力公司等成功的案例也为线上线下一体化建设提供了优秀的工作经验。

尽管国内外各项研究对服务功能与手段创新有了相当深厚的理论研究，包括创新理论的发展，服务体系建设的研究等，阐述了目前国内外对于供电公司服务体系发展现状与研究热点，但电力公司服务功能与手段创新是基于大型供电公司而言的，以上研究对于地市级供电公司而言缺乏适应性。同样，国内外相关文献对业务流程重组有了详尽的研究和阐释，包括业务流程重组的思路、方法步骤、原理及发展情况，但电力公司业务流程性质事关我国能源安全和经济社会发展全局，强调以人民为中心的发展理念，服务民生、保障民生，把增进人民福祉作为发展的出发点和落脚点，欲使用现有的流程管理理论去指导我国电力企业体制改革实践存在一定的不适用性和盲目性。美国电力公司的经验可作为参考，但由于美国供电公司所处环境与我国地市级供电公司相差甚远，直接套用会出现不适用的问题，国网宁波电力公司的成功经验在地市级供电公司直接使用也会有同样的问题。因此，本书进行以陕西省 A 供电公司为例的地市级供电公司线上线下一体化建设的服务流程研究，进行详尽的理论研究并结合现实情况进行服务功能与手段的创新须体现出因地制宜的原则的同时，具有一定的可操作性和推广价值。

1.3　研究内容、方法及技术路线

本书的主要内容是在响应 9 号文、国网 1 号文等国家电改相关文件的基础上，为地市级供电公司进行电力服务体系创新支撑建设，主要内容如下：

1）采用文献研究的方法对目前地市级供电公司进行电力服务体系创新的宏观环境进行研究，并且对目前国家相关政策进行分析，确定行业发展趋势，以此提出地市级供电公司电力服务体系创新的支撑需求。

2）采用文献研究、理论研究、实地调研与专家座谈等方法，以某地市级供电公司为例，通过客户调查与相关理论研究对地市级供电公司服务支撑体系现状进行分析，找出目前供电公司组织结构、业务流程中存在的问题，并提出创新服务体系具体解决方案。研究的技术路线图如图 1-1 所示。

3）采用文献研究、理论研究、实地调研与专家座谈等方法，

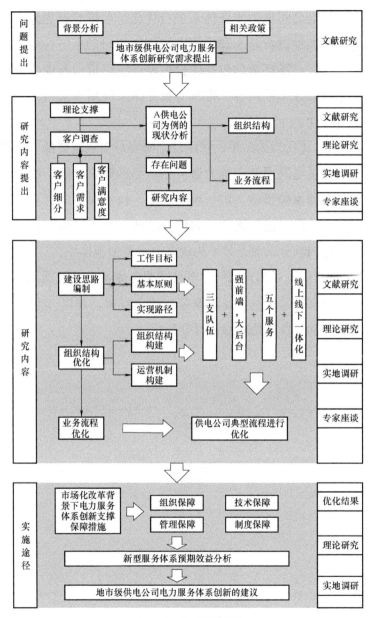

图 1-1 技术路线图

对地市级供电公司电力服务体系进行优化，包括建设思路、组织结构与业务流程进行基于理论研究与实地调研的全方位优化，提出适合新时代市场环境的包括建设思路、组织机构与业务流程在内的优化后服务体系内容，将新型服务体系应用于某供电公司并验证其可行性。

4）根据优化后的结果，采用理论研究与实地调研的方法提出针对地市级供电公司基于电力服务创新后的建设路线、组织结构与业务流程的保障措施，包括组织保障，技术保障，管理保障与制度保障。最终，包含优化后的建设路线、组织结构、业务流程与保障措施四部分的服务体系构成电力服务创新体系。

5）针对优化后的地市级供电公司服务体系，进行预期效益分析，包括预期管理效益、经济效益与社会效益，并以 A 供电公司试点情况为例对各预期效益进行分析。

第 2 章

相关理论基础

本章主要对本书中的相关理论基础进行阐述,"互联网+"理论和服务营销理论为市场化改革背景下服务体系创新研究的理论支持,组织结构变革理论、业务流程再造理论、瓶颈理论与客户细分理论则为本研究提供了技术方法支撑,为后续的研究工作提供了理论和方法铺垫。

2.1 "互联网+"相关理论

1. "互联网+"的含义

"互联网+"的概念最早于 2015 年 3 月份提出,随后在各行各业中得到了迅速普及和发展。其本质要求是将传统的工业生产融进互联网元素,进而将工业制造提升一个层次,实现高度智能化、绿色化、科技化生产。我国正在大力倡导"互联网+",致力于将互联网元素植根于工业制造和能源生产领域。互联网虽然在我国起步较晚,但是其发展十分迅速,现在我国已经成为互联网第一大国。随着政府部门的不断重视,我国将"互联网+"概念融入了各行各业当中。需要指出的是,"互联网+"绝不只是将互联网简单地与工业生产叠加,而是一种从理念到实际的高度融合[33]。在融合过程中,既要具备互联网思维,同时也要将传统的生产制造进行升级换代。无论是企业生产还是商业销售,"互联网+"已深入人心。供电公司也应紧跟发展步伐,积极融入"互联网+"大潮中,而"互联网+"的引入,则让供电公司看到了新的发展机会,供电公司和消费对象之间的信息鸿沟进一步缩小,电力营销策略借助"互联网+"得到了极大拓展。

2. "互联网+"的特征

一是跨界融合。"互联网+"模式是指在新型的互联网模式下,各个领域需要与互联网进行深度的结合。只有敢于创新、敢于突破、敢于联合,才能创造出更大的财富,才能创造更加新颖的局面。只有与时代接轨,与互联网接轨,与创新接轨,才能使企业产生更持久的动力。

二是开放生态。实行更加开放的局面,创造开放生态。互联网产业的重要特征就是生态化的运营,生态化运营是指减少传统环节,实现产业环节的有机结合,创造有利于革新的平台。实现市场指向的科学化运营,让每一个参与市场的主体都能创造出最大的价值,不局限于传统的生产环节。让新奇的想法有生长的空间和成长的机会。

三是连接一切。互联网的渗透性是其独特的优势。互联网通过其强大的互动性,连接起拥有互联网的主体,连接的用户更多,产生的价值更大,互动的信息就更多。使互联网用户的群体越来越多,关联程度越来越紧密是"互联网+"模式的具体目标[34]。

四是创新驱动。传统行业的粗放式增长已经不能适应市场竞争的要求,以消耗国家不可再生资源为代价的生产总值的增长是难以维持的。尤其在当前,国际竞争和市场竞争的实质已经变为人才和科技的比较,科技代表着国家的生产能力和创新能力。互联网作为新型的创新平台,集合了创新资源,培养了创新品质。

五是重塑结构。互联网化和经济全球化成为新的国际趋势,它们颠覆了以往的社会观念、社会结构和政治文化生活。各个国家的政治、经济、文化和生产都发生了前所未有的变化。"互联网+"模式突破了传统社会的治理模式和交往模式,改变了普通民众的生活,使各种信息得以快速流通。

六是尊重人性。人们越来越注重对个人兴趣、需要、隐私、权利的要求。精神产品和物质产品的创造者是人,人是最有优势、活力和创造性的劳动力。互联网吸引人的地方就在于它强大的包容性和平等性,每一个人,无论他的身份、社会地位和财富收入高低都能在互联网上发表自己的观点,接受他人的信息,平等地享用互联网上的各种资源。同时,互联网强调对隐私的尊重和人性的关怀,能够包容所有人的自由发展[36]。

2.2 服务营销理论

服务营销不仅是营销行业发展的一种新趋势,更是社会进步的一种必然产物。消费者需要的不仅是一个产品,更需要的是这种产品带来的特定或个性化的服务,从而有一种被尊重和自我价值实现的感觉,而这种感觉所带来的就是客户的忠诚度。在传统的营销方式下,消费者购买了产品意味着一桩买卖的完成,虽然它也有产品的售后服务,但只是一种机械式解决产品售后维修的职能[35]。而从服务营销观念角度,消费者购买了产品或服务仅仅意味着销售工作的开始而不是结束,企业关心的不仅是产品或服务的成功售出,更注重的是消费者在享受企业所提供产品或服务全过程的感受。服务营销作为一种营销组合要素,体现在两大研究领域,即服务产品的营销和客户服务的营销。服务产品营销的本质是研究如何促进作为产品的服务交换;客户服务营销的本质则是研究如何利用服务作为一种营销工具促进有形产品的交换。无论是产品服务营销还是客户服务营销,服务营销的理念都是客户满意和忠诚,通过客户满意和忠诚来促进有利的交易循环,最终实现营销绩效的改进和企业的长期成长[36]。

1. 7P 理论

制定服务营销的基本框架须结合七个要素,俗称 7P:服务产品(Product),企业需要严格界定具体所提供的服务类型,服务是作为独立产品还是促进有形产品交换的方式,或两者的有序结合;服务定价(Price),根据成本变动、需求结构和竞争环境三因素的影响,及时制定合理的价格;服务渠道或网点(Place),企业为目标客户提供服务时对所使用的位置和渠道所做的决策,包括如何把服务交付给客户和应该在什么地方进行;服务沟通或促销(Promotion)[37],这是指企业为了和目标客户及相关公众沟通信息,使他们了解企业及所提供的服务、刺激消费需求而设计和开展的营销活动,促销对象并不完全限于客户,有时也可以用来激励雇员和中间商;服务人员与客户(People),人作为产品的一部分,在高度接触的服务业中,客户不仅同服务人员发生接触,还可能同其他客户发生联系,如此客户就成为产品的一个组成部分;服务的有形展示(Physical Evidence)[38],指的是在服务营销的市场范畴内,一切可传达服务特色及优点的有形组成部分;服务过程(Process),与服务生产、交易、消费有关的程序、操作方针、组织机制、人员处置、日程编排的使用规则[39]。

2. 服务营销的特点

(1) 供求分散性

在服务营销活动中,服务产品的供求具有分散性。供方覆盖了第三产业的各个部门和行业,甚至会同时出现多个无差别的同质服务,需方更是涉及各种各类企业、社会团体和千家万户不同类型的消费者。

(2) 方式单一性

服务营销则由于生产与消费的统一性,决定了其只能采取直销方式,中间商的介入是不可能的,储存待售也不可能。服务营销方式的单一性,在一定程度上限制了服务市场规模的扩大,也限制了服务业在许多市场上出售自己的服务产品,这给服务产品的推销带来了困难。

(3) 对象复杂多变

购买服务的消费者的购买动机和目的各异,某一服务产品的购买者可能牵涉社会各界各业不同类型的家庭和企事业单位,购买同一服务产品有的用于生活消费,有的用于生产经营。

(4) 消费者需求弹性大

需求者会因各自所处的社会环境和各自具备的条件不同而形

成较大的需求弹性。同时对服务的需求与对有形产品的需求在一定组织及总金额支出中相互牵制，也是形成需求弹性大的原因之一。同时，服务需求受外界条件影响大，如消费政策的变化、气候的变化、日新月异的科技发展带来的替代品等。

（5）服务人员的技术、技能、技艺要求高

服务者的技术、技能、技艺直接关系到服务质量，消费者对各种服务产品的质量要求也就是对服务人员的技术、技能、技艺的要求。服务者的服务质量不可能建立唯一的、统一的衡量标准，而只能有相对的标准或凭购买者的感知体会[40]。

2.3 组织结构变革理论

组织变革是指运用行为科学和相关管理方法，对组织的权利结构、组织规模、沟通渠道、角色设定、组织与其他组织之间的关系，以及对组织成员的观念、态度和行为，成员之间的合作精神等进行有目的的、系统的调整和革新，以适应组织所处的内外环境、技术特征和组织任务等方面的变化，从而提高组织效能。

1. 组织结构变革原因

一般来说，组织结构变革的原因有如下几个：

1）企业外部经营环境的改变：诸如国民经济增长速度的变化、产业结构的调整、政府经济政策的调整、科学技术的发展引起产品和工艺的变革等。企业组织结构是实现企业战略目标的手段，企业外部环境的变化必然要求企业组织结构做出适应性的调整。

2）企业内部条件的变化，主要包括：

① 技术条件的变化，如企业实行技术改造，引进新的设备要求技术服务部门的加强，以及技术、生产、营销等部门的调整；

② 人员条件的变化，如人员结构和人员素质的提高等；

③ 管理条件的变化，如实行计算机辅助管理，实行管理信息系统优化组合等。

3）企业本身成长的要求：企业处于不同的生命周期时对组织结构的要求也各不相同，如小企业成长为中型或大型企业，单一品种企业成长为多品种企业，传统国有企业经营模式由被动变主动等[41]。

2. 组织结构变革的征兆

企业中的组织变革是一项"软任务"，即有时组织结构不改变，企业仿佛也能运转下去，但如果要等到企业无法运转时再进行组织结构的变革就为时已晚。因此，企业管理者必须抓住组织变革的征兆，及时进行组织变革。组织结构需要变革的征兆主要包括：

1）企业经营成绩的下降，如市场占有率下降，产品质量下降，消耗和浪费严重，企业资金周转不灵等。

2）企业生产经营缺乏创新，如企业缺乏新的战略和适应性措施，缺乏新的产品和技术更新，没有新的管理办法或新的管理办法推行起来困难等。

3）组织机构本身病症的显露，如决策迟缓、指挥不灵、信息交流不畅、机构臃肿、职责重叠、管理幅度过大、扯皮增多、人事纠纷增多、管理效率下降等。

4）职工士气低落，不满情绪增加，如管理人员离职率增加，员工旷工率、病、事假率增加等。

当一个企业出现以上征兆时，应及时进行组织诊断，用以判定企业组织结构是否有变革的必要。

3. 组织结构变革的模式选择

这里将比较两种典型的组织变革模式，即激进式变革和渐进式变革。激进式变革力求在短时间内，对企业组织进行大幅度的全面调整，以求彻底打破初态组织模式并迅速建立目标状态组织模式。渐进式变革则是通过对组织进行小幅度的局部调整，力求通过一个渐进的过程，实现初态组织模式向目标状态组织模式的转变。

激进式变革能够以较快的速度达到目标状态，因为这种变革模式对组织进行的调整是大幅度的、全面的，所以变革过程较快，与此同时会导致组织的平稳性差，严重的时候会导致组织崩溃，这就是为什么许多企业进行组织变革反而加速了企业灭亡的原因[42]。这其中体现了组织结构稳定性的思维，稳定性对于企业组织至关重要，但是当企业由于领导超前意识差、员工安于现状而陷于超稳定结构时，企业组织将趋于僵化、保守，会影响企业组织的发展。此时，小扰动不足以打破初态的稳定性，也就很难达到目标状态。与之相反，渐进式变革依靠持续的、小幅度变革来达到目标状态，即调节量小，但波动次数多，变革持续的时间长，这样有利于维持组织的稳定性。施恩（Edgar Schein）认为组织变革是一个适应循环的过程，一般分为以下6个步骤：

1）洞察内部环境及外部环境中产生的变化。

2）向组织中有关部门提供有关变革的确切信息。

3）根据输入的情报资料改变组织内部的生产过程。

4）减少或控制因变革而产生的负面作用。

5）输出变革形成的新产品及新成果等。

6）经过反馈，进一步观察外部环境状态与内部环境的一致程度，评定变革的结果。

两种模式各有利弊，也都有着丰富的实践，企业应当根据组织的环境适应能力、自我识别能力、现实检验能力、协调整合能力来选择企业组织变革模式。

2.4 业务流程再造理论

企业业务流程再造（Business Process Reengineering，BPR）是指通过对企业现有流程的重新分析、改进和设计企业流程，以使这些流程的增值内容最大化，从而有效地改善组织绩效，并强调通过充分利用信息技术使企业业绩取得巨大提高。信息技术的飞速发展及其在社会生活和企业经营中各个环节的渗透，使得人们重新认识到企业面向经营过程研究的崭新意义。

业务流程再造在提出初期定义为"对企业现有业务流程从根本上重新思考，对其进行彻底改造并设计出新的业务流程，以期在业绩上取得显著性提高"。哈默和詹钱皮认为业务流程再造的特征可以通过四个关键词表现出来：Fundamental（根本的）、Radical（激进的）、Dramatic（显著的）、Process（流程）[43]。

新产生一个业务流程，最重要的是思考若干根本问题：

1）为什么要做这项工作？为什么要这样做这项工作？这里的

深刻反思首先是要明确企业的基本战略目标，在战略的框架下对未来过程的模式进行思索，构建企业核心流程的蓝图，然后就是以核心经营过程为纽带对企业的生产经营活动进行新的设计和整合。

2）激进的方式。意味着重构必须完全打破当前的工作方式，BPR 不是一个对当前存在过程的改进，而是采用一个新的过程完全取代当前的过程。

3）显著的成效。BPR 不只引起边缘和表面的变化，而必须是成本、服务和质量等诸多内在方面能够达到显著的效果。

4）面向过程。为了达到显著的改进，就需要把焦点放在业务过程上面。这意味着组织必须首先服从基本业务过程。只有从诸如人、职能、工作、团队和部门等方面跳出来，才能够切实地采用面向过程的方法进行操作。

通过对流程再造理论的简单分析和概述，流程再造适用于整个组织，也适用于单独一个流程。业务流程再造并不具体指出企业应该如何完成日常工作，它所关心的是企业如何从基于一种方式运作转变为基于另一种方式的运作以提高企业的绩效。它具有以下一些本质特征：

1）流程和流程中非增值内容的最小化是业务流程再造关注的焦点。它要求再造后的流程要尽可能缩短时间，以提高效率。

2）关注消费者是业务流程再造的出发点。业务流程再造是企业内外环境共同作用的结果，它的直接驱动力是企业为了满足消费者不断变化的需要。

3）关注流程是业务流程再造的工作内容。业务流程再造追求通过全新设计或对现存流程进行系统化改造设计，以获得理想的流程。

4）信息技术是业务流程再造的有效工具。在企业流程再造设计中，信息技术将发挥巨大的作用，它将对企业的业务流程产生重大的影响[44]。

5）彻底改进是业务流程再造的主要任务。业务流程改造的核心是改之有进而不是为变而变，它是建立在对企业现有业务流程"怀疑"的基础上，以最大限度地满足消费者需求为出发点，对企业的流程和组织进行彻底改造。

6）效益的巨大飞跃是业务流程再造的目标。业务流程再造追求的目标不是企业效益的渐进提高和边际进步，而是效益的巨大飞跃，它通过对企业流程的彻底的变革，使企业管理发生根本性的变化，以获得效益的巨大飞跃[45]。

企业在进行业务流程再造时应注意以下几点：首先要研究企业目前的核心业务流程，分析其利与弊；其次要对业务流程再造设定可衡量的目标；最后要综合运用各种手段和方法对企业流程进行彻底改造。这样，企业流程再造才有可能取得成功。

在管理界，流程优化一般有两种设计策略：一种是较为激进的全新流程变革模式，另一种较为温和的渐进式流程优化模式。这两种方法各有优缺点，因此使用哪一种设计策略需要每个公司或组织根据自身实际所处的环境来选择。

1. 渐进式流程优化模式

这种新的流程优化模式是在研究分析公司现有流程的基础之上系统提出的较为温和的一种改革方式。其优点在于可以使公司较为平稳地过渡到新的管理模式，风险低、见效快、阻力小；缺点在于相较全新的流程优化模式有其对象和范围的局限性。

渐进式流程优化模式还包括公司对部门一些关键流程进行较为激进或创新的变革，而对其他辅助性项目做一些适当的改动。选择这一方式的公司通常有一特点，即原来的流程模式较稳定，业绩正常，虽然有些问题但并没出现破坏性的后果。随着时代的发展公司需对既有的流程进行优化来适应客户环境的变化和同行业竞争的需要。采用这一渐进式流程优化模式的公司须有自己专业的经验和技术，所属的行业通常是一个成熟的产业，有固定的工作流程，在这基础上采用这一流程优化模式相对客观稳定。

2. 全新流程变革模式

企业面对新机会、新机遇、新挑战时，公司部门需思考其传统的流程模式是否适用日益变迁的现代化公司管理步伐，根据大环境打破原有公司的条条框框，对公司流程结构、企业文化、组织框架进行彻底的变革，以全新的视野去审视企业管理流程模式，全新流程变革模式主张变革不能够是零碎的、断断续续的，而是须全面迅速地在公司各部门中展开进行。这一模式的优点是能够在把握新市场、新机遇的情况下使公司绩效得到跨越式的发展，较为明显的缺点是追求速度风险大，公司各部门的正常运行受阻，需要时间调整适应。历史经验表明，在20世纪90年代，在美国实施全新变革模式流程再造的公司，其失败率达到了70%以上。服务流程应不影响公司的正常运行，若在没有深度全面调查分析的基础上进行全新流程变革很可能会适得其反造成严重后果，因此建议地级市供电公司采用渐进式流程优化模式对售后服务流程进行适当的创新和完善，降低工作成本，提高客户的满意度，而又不影响公司的稳定有秩序的发展[46]。

在信息化、全球化的时代，公司如何优化流程模式响应市场的需求，建立客户导向的业务流程，成为新时代企业创新的重要课题。一般而言，企业进行流程优化可以着眼于以下两个方向：

1）标杆瞄准，即关注行业内的标杆企业。通过选取其在某些方面的实践经验为参照坐标，将自己的观念、运作、管理、绩效等各方面与领先者进行对比与衡量，发现不足，结合自身条件逐步改进不断提升。具体步骤包括获取标杆流程资料、研究本企业的流程图，理解与分析流程，将本企业流程与标杆流程进行对比分析，确定关键差距点，分析形成差距的各种原因，最后设计并实施流程优化。

2）从企业自身出发，关注客户需求。以下几个步骤大致概括了如何发展、完善、优化业务流程保持企业的竞争优势：

① 整合。将原有流程中比较分散，多余的操作环节进行合并、压缩，减少流程活动中的重复劳动，提高业务流程的效率。

② 简化。将原有流程中烦琐的、庞杂的作业任务进行梳理删减，抓取流程中关键环节，结合信息化技术、组织调整等方法，达到流程简化的目的。

③ 细化。细化就是将原有部门或组织中的流程环节打散，聚焦其中一个或几个环节，再深入具体落实执行的方法，通过这种细化，可以帮助操作人员清楚操作步骤，明显提高作业效率和作

业质量。

④ 信息化。将业务流程中的数据、信息整合到信息化系统平台的方法，提升流程运转效率，信息化的运用在目前的流程优化设计中已经是必不可少的因素之一。

⑤ 综合法。将上述提到的几种方法进行组合、融合运用的方法，不同方法的综合运用可以有效帮助流程优化的设计，达到事半功倍的效果[47]。

2.5 瓶颈理论

瓶颈理论（Theory of Constraints，TOC），也被称为制约理论或约束理论，由以色列物理学家高德拉特（Eliyahu M. Goldratt）博士创立，该理论的核心观点是通过聚焦制约企业各个环节中瓶颈部分并加以改善，在不断的瓶颈点改良基础上来完成系统整体改善的目标，该理论与精益生产、六西格玛并称为全球三大管理理论。

TOC 认为企业的任何系统问题至少存在一个约束，否则它可能具有无限的输出。因此，要提高系统（任何企业或组织都可以视为一个系统）的输出就必须打破系统的瓶颈。任何系统都可以设想由一系列环环相扣的圆环组成。这个系统的强度取决于它最弱的环，而不是它最强的环。形象地比喻，我们也可以将我们的公司或组织视为一个链条，每个部门都是这个链条的一部分。如果我们想要实现预期目标，我们必须找到最薄弱的环节，并从分析改进这个薄弱环节开始，也就是从瓶颈开始改进，使其不再是瓶颈点。换句话说，如果这个瓶颈决定了企业或组织实现其目标的效率，我们必须克服瓶颈，并能够在更短的时间内以更快的速度显著提高系统的产出[48]。

系统的最终输出将受到系统中最薄弱环节的限制。换句话说，任何链条的力量都取决于其最薄弱的环节。

结合TOC思想，对于"大服务格局"下的电力公司来说，客户的满意度是服务部门的一个重要目标，通过不断提高客户满意度，提升客户忠诚度，促进市场与公司的输入输出关系，为企业获得更多利润的目标提供有效支撑。

TOC有以下四大假设：

第一，现实是简单且和谐的。每一种情况都很简单，在我们看到的所有复杂表现的背后，只有少数几个因素最终导致了这些表现。

第二，冲突可以得到解决。每种情况都有一个双赢的解决方案，每次冲突都可以通过消除冲突背后的假设并最终实现双赢来打破。

第三，大家都很好。假设人性是好的，就避免了指责对方，因为指责对方只会把我们引向错误的方向，找到错误的解决办法。相信总有双赢的解决办法，冲突得不到解决的原因不是对方是坏人，而是我们没有消除冲突背后的假设。

第四，每一种情况都可以大大改善，不是因为相关业务的规模庞大只有较小的优化空间，而较小型的业务就有更大的优化空间，而是无论哪一种业务，只要能够使其有效提升企业获益都是好的决策。

2.6　客户细分理论

客户细分并没有统一的模式,企业往往根据自身的需要进行客户细分,不同企业在进行客户细分时,由于目的差异、企业目标市场差异、企业自身结构差异等原因采用不同的细分方法。总的来讲,客户细分的方法主要有四类:一是基于客户统计学特征的客户细分;二是基于客户行为的客户细分;三是基于客户生命周期的客户细分;四是基于客户价值相关指标的客户细分。

基于客户统计学特征的客户细分。其变量包括消费群体的年龄、性别、教育背景、地理位置等,是常见的细分变量,具有丰富的研究成果。企业通过人口变量的细分可找到目标客户群体,稳定的客户群体意味着稳定的利润来源。随着经济发展和信息技术的发展,全球化的市场开始形成并壮大,不同地区或者国家的客户可以从网络上了解并购买产品或服务,地区或者地理差异对客户的影响越来越小。仅仅把人口地理统计变量作为细分条件具有很大的片面性,而且过于初级,受到了许多学者的质疑。在现在的研究中,人口统计变量很少作为单独或唯一的细分变量,通常同行为、心理变量细分相结合,作为分类和描述变量。

基于客户行为的客户细分。这种方法认为客户的行为在过去、现在和未来具有一定的一致性和规律性,通过对客户以往的行为进行分析,可以预测其未来的行动。这种方法的基础是可估算或者计算的行为,利用历史行为数据来估算未来行为走向。

基于客户生命周期的客户细分。首先明确客户生命周期概念,客户生命周期是客户关系生命周期的简称，指客户关系水平随时间变化的发展轨迹，它描述了客户关系从一种状态（一个阶段）向另一种状态（另一阶段）运动的总体特征。客户生命周期的长短对客户价值具有直接的影响，客户生命周期越长，客户价值越高。由于客户和企业的关系是随时间不断发展变化的，处于不同关系阶段的客户有不同的特征和需求，所以客户生命周期管理是客户关系管理的重要内容，依据客户生命周期进行客户细分也就成为一种重要的细分方法。依据客户生命周期细分客户的主要方法有忠诚度阶梯分类法，依据客户关系的不同阶段进行客户细分。

基于客户价值相关指标的客户细分。客户价值是指企业与客户维持关系的全过程中，企业从客户那里获得的利润总现值。客户价值由两部分组成：一是直接客户价值，是指客户购买企业的产品和服务为企业带来的价值；二是间接客户价值，是指由于客户关系的发展而使得交易成本降低、效率提高和口碑效应所带来的价值。由于间接客户价值在计量上存在很大困难，因此对于间接客户价值的测量仍未得到解决。客户价值的预测只能是一个大概的估计值，难以精确。不过，用预测的客户价值衡量不同客户对企业价值的相对差异，客户价值作为判别客户对企业价值大小的标准，正在被学术界和企业界逐步接受。基于客户价值相关指标的客户细分方法有利润分类法和客户价值细分理论[49]。

2.7　本章小结

通过解读我国深化电力体制改革的方针政策要求，以及省市关于进一步落实电力企业改革的实质性文件和报告精神，厘清了当前改革建设的总体部署和目标思路，即统筹服务党和国家工作大局、服务人民美好生活、服务经济社会发展、服务能源转型的新要求，坚持以客户为中心、市场为导向，以建设具有卓越竞争力的能源互联网企业为战略目标。本章根据现有的理论研究成果，依据"互联网+服务营销"的基本框架、运用组织结构变革、业务流程再造的理论，对地市级供电公司服务体系现状进行分析（包括建设思路、组织结构、业务流程与保障措施等现状以及客户需求与满意度分析），并结合理论研究成果与实际探索实践进行新型服务体系的构建，实现了大服务格局的支撑体系变更。

第 3 章

地市级供电公司电力服务体系现状分析

"大服务格局"的建设,对地级市供电公司而言,主要工作集中在"大服务格局"支撑建设,而"大服务格局"的支撑建设的关键内容主要体现在服务体系的建设。因此地市级供电公司需实现现有服务体系转型,以响应客户需求,提升服务质量,提高客户满意度为宗旨进行转型。在第 1、2 章通过文献研究等方式建立起完善的理论基础上,本章依据"大服务格局"提出的各项要求,采用理论分析,标杆研究,实地调研以及多次专家访谈的方法进行背景分析,客户调查,组织结构分析与流程现状分析,找出地市级供电公司服务体系存在的问题以及问题产生的原因。

3.1 供电公司电力服务体系构成

地市级供电公司服务体系由建设思路,组织结构,业务流程与保障措施四大核心部分构成,如图 3-1 所示;对于供电企业而言,建设思路决定了服务体系的目标形式与功能,组织结构与业务流程构成服务体系的主体部分,保障措施是在建设思路指导下构建的组织结构与业务流程的保障支撑。从服务体系的构成出发，本文从现行服务体系组织结构与业务流程出发，对构成主体部分的两者进行现状分析，并以客户需求为指导，为构建新型服务体系打好基础。

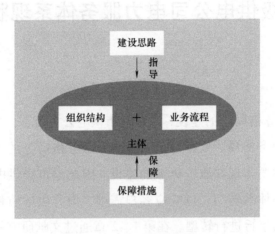

图 3-1 供电企业服务体系构成

客户情况、组织结构现状与业务流程现状对于不同的地市级供电公司有不同的表现形式，陕西省 A 供电公司正在进行"大服务格局"支撑试点变更，因此，本章以该供电公司为研究样本，对该供电公司客户满意度及需求情况、服务体系建设与业务流程现状进行分析。

3.2 供电公司电力服务客户需求分析

3.2.1 客户细分情况

客户细分是指企业根据客户的基本特征、行为特征或者是根据客户的需求、偏好及价值等，在明确的业务模式或特定的市场中对客户进行分类，并对各个类别的客户进行有针对性的产品营销。由于客户需求、欲望及购买行为的多元化，任何一个企业难以凭借自身的人力、物力、财力来满足所有客户的需求，这不仅缘于企业自身条件的限制，而且从经济效应方面来看也是不可取的。所以，企业应区分不同客户群的特征，分别制定科学的营销策略，在有限资源的基础上创造最大的利润空间。

陕西省A供电公司共设10个职能部门、8个业务支撑和实施机构、3个县公司及集体企业。截至2016年末，公司在册职工1694人；企业固定资产原值32.87亿元；35kV及以上变电站44座，变电总容量254.52万kV·A；35kV及以上输电线路113条，全长1690.51km；售电量106.08亿kW·h，供电线损率4.91%，电压合格率99.75%，供电可靠率99.998%。

根据A供电公司所在地区特点，选择基于客户行为的客户细分，由于不同电力客户的用电行为在一定期间内具有一致性与规律性，对该供电公司而言，采用此方式有利于对客户未来用电情况做出符合客户用电特点的预期。

根据客户行为与用电特点，将该供电公司用电客户划分为五类，如图3-2所示，分别为居民照明用电客户、一般工商业用电客户、大工业用电客户、农业生产用电客户、农业排灌用电客户。该分类是基于不同用电客户的用电时间、用电持续时间、用电量、用电波动及用电质量水准进行划分，该划分将在客户调查中比较精确地体现整体用电市场的高客户满意度的需求特征。

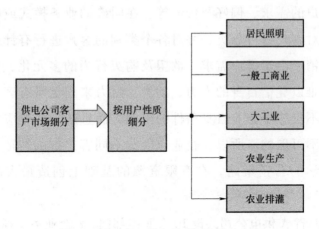

图 3-2　陕西省 A 供电公司用电客户细分

3.2.2　客户满意度情况

本文调查的目的是为了寻找各服务环节的不足，总体了解电力供电服务的客户的需求与满意度情况。针对不同电力用户的不同服务需求，不同用户对不同服务项目的敏感性，根据用户需求特点和敏感性对用户进行分类，采用有针对性的测评指标来加以测量。本书根据服务项目和客户类别两个维度进行问卷设计，共分 12 个模块，根据用户用电场景与用电行为的不同，将原本的大工业用户、农业生产用户与农业排灌用户合并为政企农业用户，最终将原来的五类用户总结为三类用户（居民用户、一般工商业用户及政企农业用户），分 8 个专项服务（抄表收费、业扩报装、客户投诉、报修抢修、营业厅服务、停限电服务、安全用电服务以及 95598 热线服务）进行设计，确保问卷的设计能够系统地反映各服务环节的不足与客户满意度情况。

1. 评价指标的提出

本调查评价指标体系以美国客户满意度指数（American Customer Satisfaction Index，ACSI）模型为基础，ACSI 是一种衡量经济产出质量的宏观指标，是以产品和服务消费的过程为基础，对客户满意度水平进行评价的综合评价指数，由国家整体满意度指数、部门满意度指数、行业满意度指数和企业满意度指数 4 个层次构成，是目前体系最完整、应用效果最好的一个国家客户满意度理论模型。而本文在应用的时候加入了客户需求的考量，期望得到客户满意或不满意原因的同时能够了解客户对于电力公司有哪些方面的需求。

图 3-3 展示了 ACSI 模型的 6 个结构变量，用户满意是最终所求的目标变量，用户期望、感知质量和感知价值是客户满意度的原因变量，用户抱怨和用户忠诚则是客户满意度的结果变量。模型中 6 个结构变量的选取以客户行为理论为基础，每个结构变量又包含一个或多个观测变量，而观测变量则通过实际调查收集数据得到。

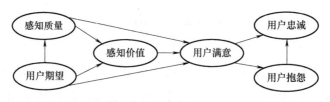

图 3-3 ACSI 模型

根据 ACSI 模型以及与电网公司专家"头脑风暴"会议的结果，将客户需求体现在该调查中，最终构建了表 3-1 所列的评价指标体系。本文调查采用了李克特（Likert）五级量表，即非常满意、满意、一般、不满意、非常不满意。

表 3-1　客户调查评价指标体系

一级指标	二级指标		三级指标
客户满意度	感知质量	供电质量	供电可靠性
			电能质量
		服务质量	最满意流程
			最不满意流程
	客户满意度		对供电服务的总体感觉
			目前服务质量与去年相比
			与其他公用事业相比的服务水平
客户需求	客户抱怨		最近一年抱怨次数
			最近一年投诉次数
	客户期望		希望供电服务达到的水平
	客户忠诚		客户电能替代意愿

2. 调查情况与方法

本例采用的调查方法主要有两种：一是调查问卷法，由调查人员通过发放调查问卷手机客户信息；二是座谈调查法，同相关企业与客户展开座谈，对客户需求和满意度进行面对面的访谈。

对 A 供电公司客户满意度与需求的调查经历了问卷设计、发放和回收环节。根据统计学中对于样本容量的确定，见式（3-1）。其中 N 为样本量，Z 为统计值，在本例中，取置信度为 90%，$Z=1.64$，E 为误差值，本文选用 5% 的误差，P 为概率值，一般选用 0.5，计算得出样本量为 269。因此，本次调查共发放问卷 300 份，略大于计算出的样本容量，但考虑到问卷回收情况，因此多发放了 10% 的问卷。在回收问卷过程中，共回收问卷 283 份，其中有效问卷 241 份，无效问卷 42 份，回收问卷的有效率为 85%。

$$N = \frac{Z^2 P(1-P)}{E^2} \tag{3-1}$$

3. 满意度调查结果

各项业务满意度见表3-2。

表3-2 客户满意度调查结果

业务名称	满意度（%）
业扩报装	76.3
营业厅服务	82.2
抄表收费服务	77.0
停限电服务	76.5
客户投诉服务	68.9
客户安全服务	78.4
故障报修抢修服务	79.5
95598热线服务	71.4

由表3-2可见，目前满意度最高的为营业厅服务，分析得出对供电公司营业厅服务总体满意度影响最大的是网点和设施情况，服务测评指标数据显示，客户对客户投诉的评价均值相对较低，将直接影响客户对营业厅服务的满意度。

对于整体而言，A供电公司客户抱怨的各项原因分布相对平均，电能质量方面引起的抱怨相对最多，占34%；抄表服务、业务办理和电力客服电话引起的抱怨均占10%；其他各种抱怨原因所占比例较低，一定程度上说明该供电公司在服务承诺兑现、缴费服务、营业厅服务、电价公开等方面基本达到了客户的期望水平。

同时，调查还显示，客户对于整体流程响应速度满意度一般，对于该供电公司满足客户需求上仍然存在较多不满,对于业务进行过程不够透明化的问题也存在不满和抱怨。

4. 满意度调查结果分析

根据客户满意度调查及需求分析,对调查问卷的得到的数据利用 Excel 进行分析,对照 ACSI 模型,针对六项指标(见图 3-3)进行研究,总结出以下存在问题。

(1)线上平台的普及度及使用体验较差

针对该问题,地市级供电公司应当大力推广线上平台的使用,全方位的宣传与推广,可采取各种营销手段进行网上营业厅的推广。并且,为了提高网上营业厅的使用体验,应当从工作目标,组织结构及业务流程等多方面进行与互联网办公的调整与优化。

(2)线下营业厅支撑工作仍待提高

对线下营业厅服务人员进行基于大服务的服务教育,形成全新的服务体系,出台符合新时代要求的服务保障制度,自上而下地进行服务意识宣传,在全公司范围内进行新电改环境下对于企业转型为服务型企业的相关教育。落实到营业厅服务人员,培养营业厅服务人员以客户需求为核心的服务方式。

另外,"线上线下一体化"目前在不断推进中,线下营业厅过去的运营方式将不再适应新时代的需求,这也是导致线下营业厅不能满足客户需求的原因。在这种环境下,应当对各个营业厅进行业务明确,明确哪些工作鼓励客户在线上进行,哪些工作由线下营业厅支持完成,从过去的"电老虎"转型为现如今的"电保姆"。对营业厅管理及服务人员进行线上及线下业务培训,努力做好线下营业厅对于网上营业厅的支撑作用。

(3) 业务流程的运行速度及客户满意度处于较低水准

公司内部组织结构及业务流程中仍然存在不符合新时代需求的地方，因此应当对组织结构进行优化，调整组织结构来最大程度提高人员工作效率并为业务流程的顺利运行做好支撑工作。

对于公司的业务流程，应当进行响应"互联网+"时代的全方位优化，缩短业务流程过程，减少人员变动，并且充分利用信息化办公的便捷特性来缩短业务流程中的等待与暂停时间。

提高业务流程运行中的质量管理，加强对每个业务流程中每个过程的质量管理，从每一步提高业务流程工作的质量，来达到提高客户满意度的目的。

(4) 针对不同客户的服务不够精确

目前供电公司对于不同客户提供的服务过于笼统，因此应当对当前地市级供电公司的电力客户进行细分，在细分之后应当整理成为个别集中的客户类别，之后对公司内部组织结构与业务流程进行全方位的优化，形成针对不同客户类别的工作小组，或由专人对不同客户的需求进行定制化响应，提供差异化的服务来满足不同客户需求以提高客户满意度。

3.2.3　客户需求情况

满意是一种心理状态，是指一个人对一段关系质量的主观评价，它是客户的需求被满足后的愉悦感。因此需要根据满意度情况进行客户需求分析，期望了解客户需求的核心内容是什么，确定本文优化的核心是为了满足哪些客户需求，提高客户满意度。了解了客户对于地市级供电公司各项业务的满意度后，根据满意度情况进行客户需求分析。

1. 客户需求获取方法

客户需求分析是质量功能展开成功应用的基础。为全面收集客户的信息，主要需要从以下几个方面入手：

1）市场调查。通过调查问卷、客户代表座谈会、客户反馈信息等形式获得定性的信息，以便及时了解和归纳客户的需求。

2）进行相同种类产品的质量跟踪以及售后服务信息分析。了解现有产品中哪些质量特性是客户满意的，哪些质量特性是客户觉得一般的，哪些是客户不满意的或者抱怨的，并将其转化为以客户需求的形式。

3）制定硬性的约束条件。例如：将有关的政策法规等纳入到客户需求中。

产品开发的整个过程中要体现公司的战略和策略，对客户的需求要加以提炼，以提供更好的产品或服务。预测未来市场发展的趋势有利于把握市场机会。通过媒体、网络、报纸、杂志等手段收集信息并进行分析处理，并对上述方式得出的客户需求进行筛选与补充。

针对不同的客户群体，在获取客户需求过程当中，应采用多种方法对不同的客户进行调查以获取全面的用户需求和期望。由于电力用户是该供电公司最基本的客户主体，数量较大，本研究利用问卷调查法对电力客户进行了需求与满意度调查，本次调查共回收问卷283份，其中有效问卷241份，无效问卷42份，回收问卷的有效率为85%。

2. 客户需求分析方法

通过发放调查问卷然后回收问卷进行分析计算，由于客户期望指标结果大多为文本数据,且原始数据较为杂乱,内在联系较难分析,因此采用了 Excel 进行初步汇总与分组,然后采用亲和图法进行客户需求识别。识别结果如图 3-4 所示。

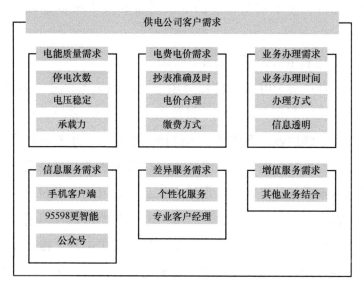

图 3-4　供电公司客户需求亲和图

亲和图法又称 KJ 法,为日本川喜田二郎所创。用于针对某一问题,充分收集各种经验、知识、想法和意见等语言、文字资料,通过 A 型图解进行汇总,并按其相互亲和性归纳整理这些资料,使问题明确起来,求得统一认识,以利于解决的一种方法。

3. 供电公司客户需求分析

(1) 电能质量满足生活、生产需要

广大客户希望供电部门能够提供可靠、稳定、优质的电力供应,尤其是近几年随着国家家电下乡、节能补贴等惠民政策的实施,城乡居民用户家用电器数量明显增加。烧水用电壶、做饭用电磁炉已十分普遍，电脑、冰箱、空调等大件电器也进入寻常百姓家，再加上农村以电作为动力进行饲料加工、畜牧养殖等副业的用户数量也在不断增加。因此，对电压质量和供电可靠性提出了更高标准，要求提供稳定的电压质量和最大限度地减少停电次数。

（2）电费电价公平、公开、合理

用电客户对于电费电价较为敏感，如同柴米油盐一样关心，主要体现在以下几个方面：一是抄表及时准确。客户希望供电部门按时、准确抄表，不估抄、不错抄、不漏抄，并能够提供抄表明细，以便核对用电量，同时加强对抄表人员的监督，提高抄表人员综合素质和业务水平，增强责任意识，对用电客户负责。二是电价合理，宣传到位。客户希望供电企业严格执行国家规定的电价政策和收费标准，无自定电价、擅自变更电价、擅自在电费中加收或者代收其他费用行为。想清楚了解电价政策，电费核算流程和构成，知道缴费日期和电费滞纳金产生日期，在缴费期间能得到供电部门的及时提醒。电价政策调整时，能够得到供电企业的通知，并加强宣传力度，让用户明白电价调整原因，对于受电价调整影响较大用户希望能够得到电力部门的用电指导。三是缴费更加方便。不同的客户对缴费方式的需求存在差别，用户希望供电企业根据不同客户群体提供多种便利、实用的缴费渠道。年轻人生活节奏快，需要方便快捷的缴费方式，能够随时随地缴费。希望供电企业利用 GIS 地理信息、GPS 定位等技术，通过公众号、网上营业厅、95598 电话及互动网站等渠道，提供实时在线运行情况的信息。而老年人对网络、手机等现代缴费方式的认知度不高，希望增加收费网点数量，村村设置收费网点，并推出针对老年人的上门走收等特色服务，在家门口就能交上电费。

(3) 用电业务办理简捷顺畅

客户希望供电企业公开服务承诺和用电业务办理流程，免费提供宣传资料，并简化办理环节，缩短流程时限，尽快用上电。明确收费项目和标准，除发改委批准执行的电价外，有偿服务收费标准、高可靠性供电费用、新建小区配套费、政策性收费项目应列出明细。用户可以自主选择设备供货单位、设计单位和施工单位，了解承装、修（试）企业和供电企业的关系，并希望供电企业提供更多的承装、修（试）企业以供用户选择。关联企业施工费用公开化、标准化。

(4) 有序用电更加人性化

希望供电企业创新有序用电方案，为专变用户进行分等级、分功率负荷控制，建立科学的用电约束机制。在保障居民用电的基础上，实施分时电价的政策，使用户主动参与调荷避峰，限制无节制用电。

(5) 提供全方位的信息服务

在供电服务内容方面，可以提供电费账单发送、缴费信息确认、阶梯电价超档电量提醒、业扩报装关键环节查询、停电信息发布、投诉举报、电子商务、节能产品销售、智能电网科普知识等服务。在服务渠道方面，既可以通过报纸、电视公告、营业厅公示等传统方式，也要积极利用视频点播、手机短信、智能手机用电客户端软件、95598互动服务网站、社会商业网站等新型媒体给用户提供随时随地的供电信息服务。

(6) 推行差异化套餐服务

对于普通用户利用营销系统优势,依据不同用电类别客户的需求特点,推出个性化定制服务,服务项目整合形成多种用电服务套餐以供用户选择。对于大客户实行VIP管理制度,根据用电量、利润贡献率、缴费信用等指标,建立客户价值评价体系,动态调整差异化服务策略,并根据价值评价体系提供不同的增值服务。

(7) 提供更多的增值服务

一是为用户提供业扩新上、变更用电业务自助服务;二是为用电客户提供安全用电知识培训,节能知识和节约用电小技巧培训;三是定期开展企业客户用能诊断和能效服务活动,促进企业降低单位能耗的同时,推动整个社会节能减排;四是提供能够应急服务,如电费充值卡、应急保电、发电机出租、电源车出租等;五是提供"快捷电话申请复电业务",即当用户非恶意欠费或未及时购电时可通过95598电话申请后,提供远程先行复电互动服务。

3.3 供电公司营销组织模式现状及存在问题分析

经过了客户需求与客户满意度调查,已经基本确定供电公司电力客户的基本需求情况,对于"大服务格局"下新型服务体系的构建,客户满意度是新型服务体系构建的基础,目前已经明确客户满意度及客户需求,则需利用已获得的客户需求进行组织结构与业务流程优化,以实现服务体系变革的目标。本节将根据已进行的研究对组织结构现状进行分析,为业务流程分析提供组织基础,也为服务体系建设提供现实基础。本研究经过理论分析与专家多次面谈、讨论，结合研究者实地调查的结果，给出陕西省A供电公司组织结构现状分析结果。

3.3.1 现有营销环境分析

当前，由于市场经济的发展，各类企业和广大居民要求电力行业打破垄断、提供优质服务和降低电价的呼声越来越高。因此宏观经济环境对电力企业的影响将日益加深，电力企业面临的困难和问题也将越来越多，服务压力也越来越大。同时，随着我国经济体制改革的逐步深入，国民经济增长方式发生了根本性地变化，电力需求随着经济增长而增长，电力产业结构调整的步伐进一步加快。与此同时，为加强对电力行业的监管力度，确保国有资产的保值增值，国家电监会加大对电力企业的监管力度，对电力企业依法治企、供电能力、供电质量以及供电服务等方面重点监管，防止电力企业机制落后、管理不严造成资产流失。因此，以上的因素都将对电力企业的生产经营活动产生影响。电力企业面临这一经济宏观环境的变化，必须转变观念，适应新的变化，从过去依靠政策支持转为向市场寻求资源和挖掘内部潜力[50]。

从外部环境分析来看，十九大提出的坚持以客户为中心提升优质服务水平，全力争取国家电网公司现代服务体系建设试点，坚持以客户为中心，强化资源整合、深化组织变革、再造服务流程、完善保障机制，着力构建现代服务新体系，促进公司供电服务水平持续提升，要求公司适应外部宏观环境变化的需要，满足电力体制改革的需要，也是国资委对公司提出的新要求。

从内部环境分析来看，公司经过多年的发展，在电网建设方面取得了巨大的成就。目前，电力公司的发展进入了建设特高压电网的阶段，这样公司的电网规模就发生了重大变化，就要求公司的营销组织结构也进行适当的变革，这样公司集中优势资源，提高营销组织的工作效率，从而为公司的发展提供有效的组织保障。同时，也是公司建设"一强三优"现代公司的需要，是积极履行社会责任的需要[51]。

1. 智能用电研究现状

国内在智能用电服务相关技术领域展开了大量的研究和实践，其中一些研究应用已达到国际先进水平或国际领先水平。大客户负荷管理和低压集中抄表系统已安装使用近 900 多万户。国家电网公司在 11 个省公司上线运行了营销业务应用系统，建成了营销分析与辅助决策系统，实现了报表自动生成、指标监管等功能。2008 年底，国网公司又全面启动电力用户用电信息采集系统建设，重点开展了用电信息采集系统与终端功能、技术方案、组网方案、通信规约、安全防护策略等方面的研究，提出了集中和分布式两种主站部署模式、七套通用组网方案和整体技术架构，统一规范了采集系统建设的技术路线和技术要求，建立了电力营销业务标准，完成信息系统标准化设计。

国网公司开展了风电监控及并网控制、分布式能源并网逆变器性能测试等技术研究，制订了《光伏并网逆变器认证技术规范》国家标准，先后完成多个光伏发电系统并网测试与验收；开展了智能用电小区相关的各类技术研究应用和商业推广，建成了若干个智能用电服务试点小区，体现出良好的交互性和智能化特色；开展了储能设备-电池特性、电动汽车充电站设计与接入、钠硫和液流电池等储能技术研究，在电动汽车充电设施典型设计、关键设备研发、试点工程实施等方面开展了大量卓有成效的工作。检测检验及其仿真技术正在完善，并开始筹建智能用电研究检测中心。国网公司开展了各级有序用电预案科学编制和可靠实施工作。部分国网省公司促成政府出台尖峰电价、蓄热蓄冷电价、可中断负荷电价等激励措施，通过经济手段引导客户避峰。上海等公司试行了绿色电力认购机制，引导新能源产业的发展。积极推广电动汽车、热泵和蓄能技术等电能替代技术，提高了电能在终端能源消费的比重。

据《国家电网公司"十二五"电网智能化规划》与南方电网投资规划，"十二五"期间国家电网和南方电网在智能配用电建设方面的总投资约1400亿元。其中智能配电环节超过400亿元，智能用电环节接近1000亿元。另外，新一轮农村电网改造升级工程已启动，而农网改造主要是配用电设施建设，这将为配电用电自动化系统建设带来更大的发展空间。

2. 宏观环境分析

（1）政策环境

随着国家对国有企业体制改革工作的进一步深入，在党中央、国务院领导下，电力行业破除了独家办电的体制束缚，从根本上改变了指令性计划体制和政企不分、厂网不分等问题，初步形成了电力市场主体多元化竞争格局。电力企业所面临的外部环境包括宏观经济环境、能源与环保政策环境、电力行业改革环境、国有资产管理体制改革环境和科技进步的影响等都在不断发生变化。深化电力体制改革的重点和路径是：在进一步完善政企分开、厂网分开、主辅分开的基础上，按照管住中间、放开两头的体制架构，有序放开输配以外的竞争性环节电价，有序向社会资本开放配售电业务，有序放开公益性和调节性以外的发用电计划；推进交易机构相对独立，规范运行；继续深化对区域电网建设和适合我国国情的输配体制研究；进一步强化政府监管，进一步强化电力统筹规划、电力安全高效运行和可靠供应。

1）体制改革政策。

电力体制改革是电力市场适应市场经济发展的必然产物，是电力市场中又一次重要的变革。对于我国电力企业而言，基于这一体制改革的背景下，机遇与挑战并存，而且电力市场的开拓同样是一样严峻的问题。"三集五大"战略意义在于实现从局部最优向整体最优的转变，使"自转"服从于"公转"；实现从粗放经营、松散管理到集团化运作的转变，发挥协同效应；实现核心业务与其他主营业务的协调发展，合理延伸价值链[50]。

2）电价政策。

随着国家电价政策的改革，居民阶梯电价、大工业电价政策的出台及细化，电力企业需要进一步加强与客户的交流与沟通，才能更好地执行国家电价政策，避免引起客户的误解，从而进一步维护企业形象[50]。

3）智能电网建设新契机。

国家电网制定的《智能电网技术标准体系规划》，明确了加强智能电网建设技术标准路线图，是世界上首个用于引导智能电网技术发展的纲领性标准。具有信息化、自动化、互动化特征的坚强智能电网，使电网的资源配置能力、经济运行效率、安全水平、科技水平和智能化水平得到全面提升，充分满足用户对电力的需求和优化资源配置，实现对用户可靠、经济、清洁、互动的电力供应和增值服务[50]。

4）法律环境。

《中华人民共和国电力法》（下文简称《电力法》）是电力企业的发展的法律依据及保证，电力企业在生产经营过程中要遵循以《电力法》为首的法律法规以及电力行业相关的立法，包括《供电营业规则》《电力监管条例》《电力设施保护条例》等。国家电力监管委员会将会对电力企业依法经营情况进行监督检查。

随着国家加大对电力行业监管力度，相关法律政策的规范，客户维权意识增强，以及媒体舆论的监督，这些都给电力企业面临的前所未有的压力，企业要健康持续发展，必须要转变原有的被动服务方式，以主动服务取得客户的理解与支持，因此电力行业服务战略转变势在必行[50]。

（2）社会文化环境

随着国家居民阶梯电价政策的出台，倡导"节约用电，低碳消费"的科学用电理念正在被广泛宣传。在满足生产、生活所必需的用电条件下，减少电能的消耗，提高用户的电能利用率和减少供电网络的电能损耗，成为社会用电文化的核心[50]。

（3）技术环境

电力工业是技术密集型工业，高压、特高压输电技术，电力调度自动化技术，电力市场运行支持技术，电力系统安全技术等对电力企业尤其是电力公司的发展起着重要的影响。当前陕西省A供电公司正处于又好又快发展的关键时期，用电需求不断攀升，地市级供电公司与陕西省电力公司就共同推进坚强智能电网建设进行战略合作[50]。

3. 中观环境分析

在波特五力模型（如图3-5所示）中，五种力量的状况和综合强度不但决定着行业中获利的最终潜力，还决定着资本向本行业的流入程度，因为竞争的激烈程度会影响企业的收益，从而影响着行业的投资回报率。这五种力量都有一个很重要的决定因素—转换成本，高转换成本使得客户倾向于维持现状。这个因素体现了企业与客户的依赖程度，也体现了企业占有市场的牢固程度。从转换成本的角度出发，为供电公司服务制定依赖型的竞争策略。

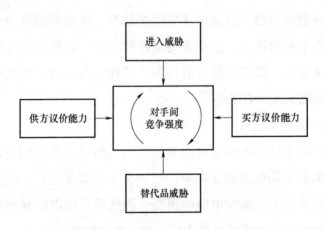

图3-5　波特的五力分析模型

电力行业作为国家基础产业，其发展很大程度上决定了国家经济发展的整体水平，行业地位极其重要。随着社会主义市场经济的深化以及加入WTO的不断开放的现实考验，市场竞争越来越严酷，电力企业也面临着前所未有的压力。电力体制改革的深化，电力行业已经开始了从生产导向型向市场导向型的转变，电力企业也需要随着体制的变革来改变自身的管理体制和营销体制。以下通过对电力行业进行五力模型分析，希望给予电力企业的管理变革或营销变革提供一些新的启示。

(1) 竞争对手威胁

目前电力发电行业和供电行业相对垄断。随着电力市场形势的变化，电力企业长期垄断的形势将随着市场经济的发展而改变，电力行业面临着前所未有的压力和挑战，电力行业垄断地位将会逐渐被打破，电力行业管理将会越来越透明规范。随着电力行业同业对标工作的深入开展，指标压力逐渐加大，电力企业之间的指标竞争越来越激烈，供电公司要想进一步提升服务指标，就必须转变原有的服务战略，将服务平台前移，创新服务方式，制定适应自身发展的服务战略，以提高供电公司的核心竞争力，这意味着电力行业竞争开始全面形成。

(2) 潜在进入者方面

随着改革的深入，尤其在输、配彻底分离后，格局必将打破，电网企业同样将面临激烈的竞争。地方小火电，大企业的自备电厂也在地方政府的支持下大规模的兴建起来，光伏发电政策的出台以及地方电厂的兴建，给发电行业予以冲击，成为电力行业潜在竞争者，并造成竞争威胁。

(3) 替代品方面

电力产品面临的替代品主要有天然气、煤气、液化气等，其主要竞争表现在居民生活用能方面。新能源代替性很强，这也给电力行业的发展带来深思。

(4) 供应商方面

发电企业最主要的供应商是燃料的供应者，行业集中度不高，但是议价能力很强。随着煤炭供应的紧张，电力紧缺导致发电行业成本增加，在一定程度上导致供电企业电价升高，导致与客户关系在一定程度上出现紧张。国家低碳环保政策和居民阶梯电价政策的出台，政府鼓励节约用电的工作力度越来越大，客户节约用电意识越来越强，因此导致供电企业的经营工作存在潜在的风险。

(5) 客户方面

随着供电企业的独立分离，在同一地区可以有两个以上的供电企业，会形成卖方的多元化竞争，随之而来的是购买者讨价还价能力的威胁加大。同时未来将从卖方市场向买方市场转变，客户将成为电力企业间竞争争获的重要对象。加强客户关系管理，促进整个行业从粗放型发展向精益化管理发展方向转变势在必行，电力企业必须改变过去固有的观念，重视并加强客户管理，建立科学发展的服务战略，全面适应当前的形势，积极应对困难局面。

从波特五力的分析可以发现，电力企业将面对来自内部和外部的竞争压力，如何改变现有的服务管理方式，以服务提升推动企业持续发展，增强自身的竞争力，这是供电公司所必须思考的紧迫问题。

4. 微观环境分析

(1) 优势

1) 规范用电环境。

A供电公司以建设"电网坚强、资产优良、业绩优秀、服务优质"的供电企业为发展目标，通过强化主动服务、便民服务等服务方式，推行绿色报装服务，不断精简业务办理程序，积极营造和谐有利的发展环境。

2）严格内部服务管理。

A供电公司严格遵守供电服务准则，坚持依法治国办事原则，健全优质服务常态机制，加强电力行业人员廉洁自律意识和优质服务意识，树立勤政为民的意识。公司制定下发相关优质服务配套制度，设立监督考核制度；针对优质服务重点工作实行周检查月考核，即时通报，及时监督有关问题的整改落实，确保优质服务工作目标、组织保障、思想认识、工作措施和检查考核的"五个到位"。

3）加强窗口服务人员培训。

公司定期组织窗口服务人员进行业务学习，员工主动服务意识增强，由过去的"要我服务"的消极被动服务逐步转变为"我要服务"积极主动服务。公司广开渠道，充分汲取基层优质服务工作亮点，着力打造网上服务交流平台，实现全员共同探讨优质服务工作新模式，提高了员工主人翁服务意识。公司定期对服务工作中的新方法、新亮点进行讨论交流，不断探索客户的需求，创新服务手段，进一步提升了公司优质服务整体水平。

（2）劣势

1）各项管理制度仍需完善和细化。

A供电公司的各项管理制度还不够完善，基层服务工作标准等还不够细致规范，客户档案不够完善，还需要进一步规范。公司客户服务管理制度不够健全，供电服务流程管理过程中还存在不衔接的现象，客户安全管理及指导工作还需要进一步加强。

2）电力优质服务与客户期望要求还存在一定差距。

受服务意识、服务设施、服务手段、服务技能以及服务方式等各种因素的影响，在基层乡镇供电所客户服务工作较为滞后，不能满足客户要求，进而影响了整体电力服务水平的提升。公司全员"大服务"观念还没有完全落实到企业内部的各个环节。业扩报装服务、电费收缴服务、电能计量服务等服务问题依然不同程度存在；随着一户一表工作的推进，合表用电户数还很多，一户一表改造进度不快；由于对农村电网改造还存在改造资金短缺，影响农村客户用电质量的提升，进而影响客户满意率提升，造成潜在的服务风险。

3）粗放型服务管理方式。

A供电公司内部管理不严，考核与奖惩不够科学，监督与检查不力。目前，该供电公司服务战略主要按照客户用电量及客户电压等级将客户进行分类，客户管理不够精细，没有开展有针对性客户服务，不能有效的把握客户的个性化需求，服务效率较低。

4）服务创新意识不强。

该供电公司服务方式较为单一，服务创新性不强，不能适应市场经济下电力客户的需求。通过走访调研，根据不同类型客户反馈的问题及服务需求，该供电公司目前的服务方式不能充分满足客户的个性化需求。单一的服务方式服务效率低，导致客户满意率增长缓慢。

5）服务培训缺少针对性。

目前A供电公司服务培训工作较为单调，缺少针对一线服务人员的有效性的服务培训，常规性服务培训不能满足当前服务工作的需求。

(3) 机会

1) 智能电网建设为配电网发展带来动力。

目前，国网公司对智能电网的建设非常重视，将其作为一个长期的发展战略，A供电公司应该适应营销发展新形势，以市场和客户为导向，以集约化、扁平化、专业化为主线进一步创新管理模式，变革组织架构，优化业务流程，建成客户导向型、业务集约化、机构扁平化、管理专业化、管控实时化、服务协同化的"一型五化"大营销体系，建立24小时面向客户的统一供电服务平台，形成业务在线监控，服务实时响应的高效运作机制，持续提升市场拓展能力、供电服务能力、运营管控能力，提高营销经营业绩和客户服务水平。

2) 国网营销服务标准化建设战略为该供电公司工作指明方向。

为了响应9号文及国网1号文，各地方电力公司提出以顾客为中心的现代服务体建设方案。这就要求一线服务员工的服务意识由被动服务到主动服务的转变，同时这也是加强营销人员职业素质及服务质量的契机。在进行营销服务标准化建设的过程中，可以以一线员工和优秀人才培训开发为重点，以系统性、针对性和有效性为目标，开展营销业务技能及服务技能等一系列培训。

(4) 威胁

通过分析，A供电公司面临的威胁主要表现在以下五个方面。

1) 国家电力政策调整，电力行业的垄断地位将会被打破，电力行业长期固有的行业优势，也将随着国家政策的调整，面临着前所未有的行业威胁。

2）随着电力行业内部优化管理，电力行业将面临体制改革，"三集五大"体制改革一定程度上存在很大的不确定性，企业改革过渡到改革全面推进实施，是一个漫长的过程，这将会影响该供电公司的发展。

3）随着电力监管力度的增大，电力行业管理存在的弊端以及电力行业管理体制不完善等问题也暴露出来，这对电力企业的长期发展造成威胁。

4）由于电力客户的服务需求要求存在较大的不确定性，而该供电公司经营管理仍然粗放，经济增长没有真正实现规模型向效益型的转变。

5）电力企业受传统的影响，采用以任务为导向的营销理念，各部门自身结构也是面向生产，而不是面向市场及客户。营销部门也仅有限的职能，无法主导生产的方向，从而使得企业各部门不能以顾客为出发点去思考问题。供电企业不同于其他纯经营性企业，如果一味顾及自身经济利益，很容易出现一些短视行为和导致纯粹以自我为中心。所以应引入服务营销的观点，真正把顾客作为生产、营销的导向。

5. 客户群体需求研究分析

客户细分是指通过有效收集、归类和分析各方面的需求，定义不同属性与行为特征的客户群，对客户价值、客户风险进行评估。依据评估结果将客户划分为不同的类别，并对其进行管理，同时，针对不同的客户群体为客户提供个性化服务。通过客户细分，企业可以更好地识别不同的客户群体，区别对待不同的客户。客户细分作为一项先进的客户关系管理手段，在以客户为中心的商业经济的今天有着非凡的意义。

供电公司目前的服务战略是以常规电力服务为基础，客户细分不够全面细致，不能满足不同电力客户对供电服务的个性化需求，因此通过进行客户群体需求分析，挖掘和整合服务资源，将服务平台前移，保持和吸引更多的客户，通过转变服务方式，逐步探索实施服务差异化战略，全面适应当前电力营销工作的发展要求，才能在激烈的市场竞争中胜出。

进行客户群体需求分析，首先必须搞清分析对象—客户群体。客户群体即接受产品的组织或个人，即凡接受或者可能接受任何单位、个人提供商品和服务的个人或单位都可以称为客户。电力客户所包含的范围也很广：政府部门、学校、工厂、商场、普通居民、供电企业本身，它们都在某种程度上使用电能，都可以认为是电力企业的客户。

确定客户群体划分。首先电力公司可以根据需求差异进行客户群体划分。将客户群划分为政企大客户、台区普通客户及乡镇小客户。政企客户包括市县（区）党、政机关、军、警、监狱、新闻、大中专学校等。尽管不同用户的需求和习惯千差万别，但是客户群体的特征是可以通过分析总结出来的。根据营销学上的"价值金字塔"的理论，通过对客户价值离散化，把客户划分三个区间分割三角形，这样越往上，客户价值越高，但占客户比例越低，越往下，则反之。通过用电量划分三个不同消费层次和经济水平的用户级别，可以形成一个纵向的"用户金字塔"。

将客户群体进行细分，建立政企客户经理制、台区经理制、营业厅"电管家"制"三个经理"机制，提高主动高效和精准服务能力；强化园区供电机构、"全能型"乡镇供电所和城区低压网格化综合服务，有效对接服务园区政府机构和客户，提升城乡中小客户普遍服务水平；全面推进供电服务指挥平台建设，提升快速响应客户需求能力和服务水平。

3.3.2 营销组织模式建设现状

陕西省 A 供电公司现行的组织结构如图 3-6 所示，供电企业内部组织机构设置的基本原则是"以市场为导向，以客户为中心"。在开放性和动态多变的市场环境下，"一切从客户与市场需要出发"成了供电企业最根本的经营理念。在这个理念指导下，"以客户为中心、以市场为导向"就成了供电企业的基本行为准则。这一准则不仅体现在供电企业日常经营的业务运转过程中，而且也体现在供电企业内部组织结构的设计方面。该供电企业内部有很多部门，分别从事不同的业务，不同的部门所提供的服务均不相同。因此，在当前该供电公司组织结构的设计方面，关键在于部门划分、在于部门划分的标准、部门间分配的任务如何、部门内个体职务和群体工作如何分配。

因此组织结构采用专业分工的管理人员，来代替直线制的全能管理者，设立了在自己业务范围内有权向下级命令和指挥的职能机构。各级主管除服从上级行政领导的指挥以外，还要服从上级职能部门在其职能领域的指挥。这一职能型组织结构强调的是市场营销各种职能的重要性。

供电公司营销机构下设专业管理室、市场室、大客户室、营业电费室、计量室五个科室，科室下设立 15 类班组。15 类班组分

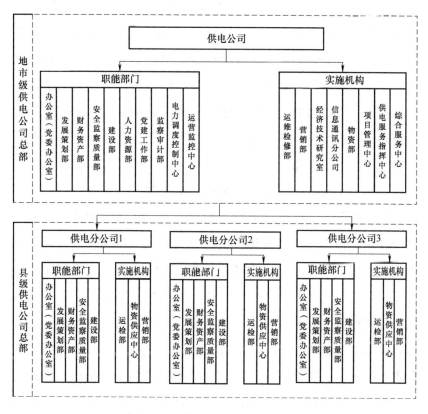

图3-6 A供电公司组织结构现状

别为市场拓展及智能用电班、大客户经理班、营业班、用电检查班、电力保障班、反窃电班、计量班、抄表班、电费核算班、电费账务班、装表接电班、检测检验班、采集运维班、资产班、营销质量管控班。

营销部,是营销体系的归口管理部门,属于职能管理部门。为强化政企客户服务、市场开拓、电能替代、充换电设施运维、服务品质监督、业务质量稽查管控、营销线损管理、线上渠道运营管控等能力，营销部增加对接服务属地政府、综合能源服务、市场化售电、增量配电、"多表合一"信息采集、精准脱贫和服务乡村振兴等管理职责。增设综合能源服务、渠道运营、市场化售电等岗位。营销部负责对服务单位优质服务活动开展情况进行监督、检查、指导和考核；负责跟踪管理重点项目；负责服务品牌的策划和组织实施；负责市场营销、客户服务管理和农电综合管理；贯彻执行国家和上级单位有关规定及工作部署；编制公司营销规划并组织实施；参与电网发展规划编制，参与电力需求预测及负荷特性研究，提出重大用电项目电网发展需求和建议；负责综合计划中相关指标的管理；负责营销投入项目的管理；负责短期电力市场分析与预测、市场开拓与电力需求侧管理、有序用电管理、节能与能效管理、电能替代、大用户直接交易、自备电厂及非统调地方电厂日常管理；负责分布式电源及微网管理；负责综合能源服务、售电侧改革、市场化售电等新兴业务职能管理；负责业扩报装、供电营业区管理、供用电合同、营业档案、营业收费管理；负责销售电价执行，电费抄表、核算、收费、明细账务管理以及缴费渠道建设；负责35kV及以下客户供电方案（含接入系统方案）职能管理；负责110kV供电方案（含接入系统方案）批复；负责组织330kV客户现场勘查、设计文件审查、中间检查、竣工检验、供用电合同审查、送电；负责监督指导330kV客户非调管设备的送电工作；参与330kV客户启动方案审查，参与110kV及以上客户供电方案（含接入系统方案）评审；负责计量体系建设与运行管理、计量标准管理、计量检定授权申请、计量监督、计量故障差错调查和处理、计量装置和用电信息采集系统建设与管理；负责台区线损和营销大数据分析管理；负责供电服务品质管理、客户关系管理、供电营业窗口建设及服务管理、95598客户服务管理、安全用电、反窃电管理、高危及重要客户安全管理、供电服务突发事件应急响应、供电服务品牌推广、优质服务活动策划；负责重大活动客户侧保电工作；负责电动汽车充换电设施及服务网络建设和运营管理；负责智能小区建设与运营管理；负责营销业务对标管理；负责营销整体运营与业务质量全过程管控；负责营销自动化系统建设推广及业务应用、营销信息安全管理；负责营销作业安全管理；负责营销服务质量考核；负责"互联网+"营销服务渠道建设与运营、服务产品创新研发管理；负责电力服务"三农"政策研究；负责供电所的管理提升和综合管理工作；负责农村供电业务委托工作的监督与管理；负责组织开展对市、县公司农电工作的评价与考核；组织实施省公司下达的定点扶贫等工作；配合开展农电体制改革研究；协助做好农电培训、农电宣传、信访维稳、舆情应对工作。

3.3.3　营销组织模式存在问题分析

经过详细的理论研究、政策研究、市场调研以及专家座谈情况，根据客户满意度与需求调查情况，采用组织结构变革理论中提出的组织变革原因来寻找该供电公司组织结构存在的问题，组织变革原因包括企业外部经营环境的变化，企业内部条件的变化，具体内容包括：技术条件的变化，人员条件的变化，管理条件的变化以及企业本身成长的要求。根据以上特点并结合对国网哈尔滨供电公司构建的"前端服务坚强、服务管理精益、服务支撑有力"的供电服务新体系进行标杆研究来提出 A 供电公司组织结构存在的问题。

1. 针对不同客户的组织结构仍待完善

现有的组织结构中存在客户相关的服务部门,例如供电服务指挥中心与总服务中心等,但由于"十二五"期间提出的"三集五大"所号召的人力资源、财务、物资集约化管理;大规划、大建设、大运行、大检修、大营销体系的建设,"供电服务指挥中心"与"总服务中心"的主要职能仍然偏向保供电等业务,对于如何积极响应客户需求,需要相关部门的构建以实行。同时针对"大服务格局"提出的三类客户提供差异化服务需要有效的组织结构支撑,现有的组织结构仍待完善。

2. 组织内部融合程度有待提高

尽管集约化管理不断推进,但根据客户调查的结果显示,部分专业壁垒依然存在,现有部分服务流程运行时仍然存在跨专业障碍,缺少高效的协同能力。跨专业合作仍然存在卡顿,不流畅的现象发生,各部门之间缺乏有效的协同管理措施。

3. 组织运行效率仍需提高

现有的各个系统尽管先进且高效,但由于不同系统间缺乏高效的信息传递通道,信息共享率较低,导致运行效率未见显著增长;"互联网+"渠道入口不统一、操作不便捷。低压居民尚未实现远程缴费全覆盖和全应用,线上交费渠道便捷作用无法充分发挥,各个业务流程的人员配置与涉及部门等存在改进的空间,客户对组织以及各个业务运行效率满意度不高。

4. 新技术的应用需要新型的组织结构支撑

随着"互联网+"的迅速发展,电 e 宝、掌上电力、95598、支付宝与微信等多种互联网入口接连出现，缺乏统一的管理模式，导致信息管理不统一；其他行业线上平台的发展，对电力公司线上平台的发展起到强烈的激励作用，客户对新技术需求的提高，呼唤新型的组织结构支撑，保障新技术平稳落地。

3.4 供电公司电力服务业务流程现状及存在问题分析

3.4.1 流程选择和分析方法

结合客户调查与需求分析情况，对 A 供电公司现有服务流程进行分析，由于流程众多，在经过多次与该供电公司相关专家进行讨论和分析，选取了包括 95598 业务咨询管理流程、95598 故障报修管理流程、95598 客户投诉管理流程、高危及重要客户用电安全管理流程、重要电力客户安全管理流程、交费方式业务流程分析、220kV 及以上业扩报装管理流程、110kV 及以上业扩报装管理流程、35kV 业扩报装管理流程、10kV 业扩报装管理流程以及低压业扩报装管理流程在内的 11 个流程作为关键流程进行分析。11 个关键流程分别作为业扩报装、优质服务与缴费方式三个方面的典型流程，对这 11 个关键流程进行重点研究，能够分析出目前该供电公司服务流程中存在的关键问题，为优化提供依据。在本书中，选取 95598 故障报修管理流程、95598 客户投诉管理流程、交费方式业务流程分析与 220kV 及以上业扩报装管理流程进行深层次分析。

在流程现状分析中，主要采用业务流程法与瓶颈理论。业务流程法体现在确定该流程的目标、使用范围以及在该流程范围内所涉及的人力资源和系统资源等；瓶颈理论体现在结合政策要求与客户需求确定出现有问题存在的流程。瓶颈理论认为，要提高系统的输出，就必须打破系统的瓶颈。任何系统都可以设想由一系列互锁的环组成。这个系统的强度取决于它最弱的环，而不是它最强的环。如果想要实现预期目标，就必须找到最薄弱的环节，并从分析改进这个薄弱环节开始，也就是从瓶颈开始改进，使其不再是瓶颈点。换句话说，如果这个瓶颈决定了企业或组织实现其目标的效率，则必须克服瓶颈，并能够在更短的时间内以更快的速度显著提高系统的产出。本章根据瓶颈理论进行流程分析并结合业务流程分析法，以流程的目标、使用范围以及相关资源约束三个角度进行问题确定。

3.4.2 电力服务典型业务流程

1. 95598 故障报修管理流程

（1）流程现状

现行 95598 故障报修管理流程图如图 3-7 所示，该流程包括 24 个过程，其中 14 个过程属于市公司及以下范畴内，主要包括故障报修工单在市公司级别的派单和具体执行与反馈。

（2）存在问题

该流程目前存在的问题如下：

1）在过程 12 接收故障报修工单中，目前采用的分派方法往往会造成抢修人员对故障现场不了解，不同的客户所遭遇的故障往往有所不同，因此在初步判断时，应当将该工单分配给对应的客户管理部门，该过程目前的分派人员职责也不明确。

2）在过程 13 判断是否重复报修中，专门设置判断人员造成

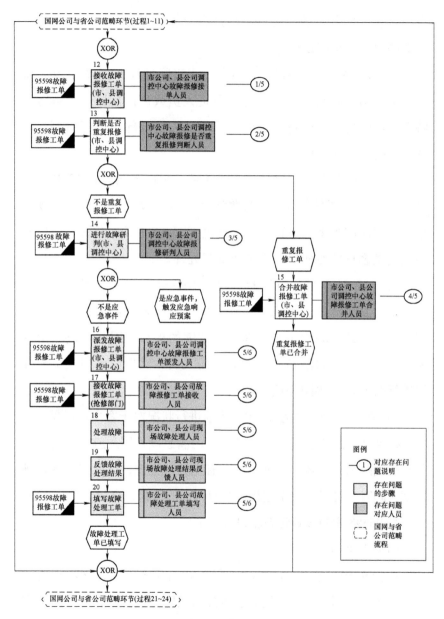

图 3-7 95598 故障报修管理流程

资源浪费，且专门设置人员还会造成业务流程冗余，不符合压缩环节的要求，会降低效率。

3）在过程14进行故障研判中，应当同过程12配合起来，将工单下派给不同类型客户的专职负责人员或部门后，由了解客户特点、用电特点、设备特点的专职负责人员或部门进行研判，能够大大提高响应速度。

4）对于过程15合并故障报修工单，也应当与过程12和过程13相同，精减人员，并且该过程通过IT系统实现远比人工实现效率高，因此应当将该过程在线上通过IT系统完成，在线下由负责不同类型客户的专职负责人员或部门处理。

5）对于过程12~过程15，过程16~过程20中，都存在了由调控中心直接分配到部门的情况，由于不同客户需求、习惯的不同，这样的统一分配不利于客户满意度的提高，因此都应当由调控中心将任务分派给负责不同客户的人员，然后由不同人员或部门进行跨专业的协同处理。

6）在过程16~过程20中，当前进行状况对于客户不可见，这样会提高客户的心理预期，降低客户的满意度，因此应当推进可视化与在线跟踪，使客户对进展情况有充分的把握，以此提高客户满意度，同时也可以对整个过程进行双方面的监督，有利于提升效率。

2. 95598客户投诉管理流程

（1）流程现状

现行95598客户投诉管理流程图如图3-8所示，该流程包括23个过程，其中14个过程属于市公司及以下范畴内，主要包括客户投诉工单在市公司级别的派单和具体执行与反馈。

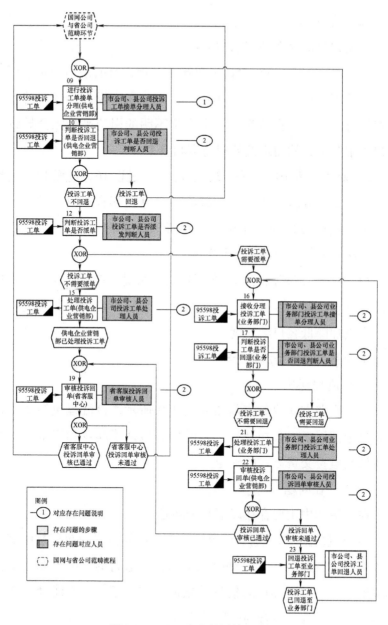

图 3-8　95598 客户投诉管理流程

(2) 存在问题

该流程目前存在的问题如下：

1) 对于过程 9 进行投诉工单接单分理，目前采用的是投诉工单接单分理人员进行投诉工单接单，由于客户投诉与客户的特点与习性息息相关，直接交予一个定位不明的岗位来分派会导致与客户需求脱节，从而降低处理速度和效率。

2) 对于过程 10、过程 12、过程 15、过程 16、过程 17、过程 19、过程 21 和过程 22 而言，目前每个过程都有对应人员，但对于每个过程所安排的对于岗位人员而言，工作量小，事件烦琐，人员层次臃肿，严重降低运行效率。

3) 对于该流程而言，存在不透明的情况，投诉往往表明客户的满意度在下降，因此不透明的情况不能让用户及时了解进展情况，会更加降低客户满意度。

3. 交费方式业务流程分析

(1) 流程现状

现行交费方式业务流程图如图 3-9 所示，该流程包括 3 个过程，且全部属于市公司及以下范畴内，包括了起草和审批电费结算协议与电费交费方式的确定。

(2) 存在问题

在该流程中主要存在以下几个问题：

1) 在过程 1 起草电费协议中，电费结算协议的起草是由客户服务中心，乡镇供电室中对应职责的人员进行的，由于职责划分不清晰，导致不同客户的信息数据混杂在一起，并不能针对性的对不同客户采取最适合的电费结算方法。

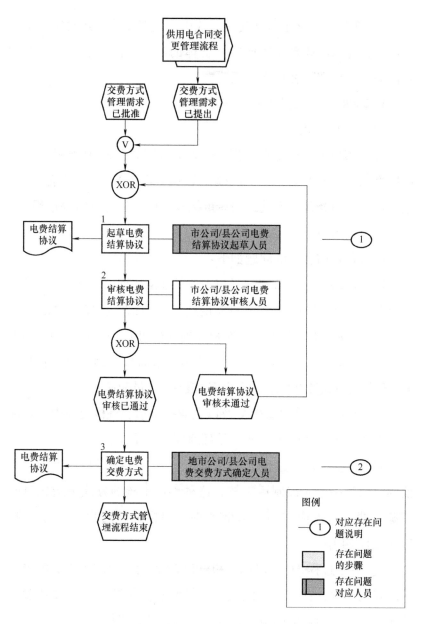

图 3-9 交费方式业务流程分析

2）在过程 3 确定电费交费方式中，电费交费方式确定人员职责不清，且未能体现出不同客户群体的需求，仅限于客户服务中心内部，易导致与客户需求脱节。

4. 220kV 及以上业扩报装管理流程

（1）流程现状

现行 220kV 及以上业扩报装管理流程图如图 3-10 所示（见书后插页），该流程包括 31 个过程，全部属于市公司及以下范畴内，包括业扩申请受理，方案编制，审批及具体实施与反馈等过程。

（2）存在问题

该流程目前存在的问题如下：

1）在过程 1 受理 220kV 及以上业扩前期咨询中，由业扩前期咨询受理人员受理 220kV 及以上业扩前期咨询，而在过程 2 和过程 3 中，又经过初审人员初审后交由大客户经理进行初审，该部分流程合理，但在人员配置上过于繁琐，对于大客户经理而言，工作简单，而且部分工作与初审人员重叠，造成了资源浪费，人员配置重复。

2）在过程 9 受理 220kV 及以上业扩申请、审核资料中，目前采取的还是传统的受理方式，受理速度慢，反应速度慢。

3）在过程 11、过程 12、过程 13、过程 14 和过程 15 中，目前的审核程序是先编制后审核，这种事后审核的方式易造成时间资源浪费，返工成本高，降低效率。同样的问题也存在于过程 17～过程 24 中。

4）对于过程 27、过程 28 和过程 29 而言，出现了人员配置过于琐碎的问题，针对业扩配表，业扩装表，业扩送电等极其琐碎的业务分配了相对应的员工，导致结构繁琐，工作松散。

3.4.3　电力服务业务流程存在问题分析

根据该供电公司典型业务流程的详细分析，总结出供电公司业务流程方面目前存在以下几方面问题。

1. 客户分类

随着市场化改革的不断深入，现行业务流程越来越凸显出对客户需求响应程度不够的问题。客户对于电力企业的要求越来越高，而各业务流程并未充分体现出针对不同客户的差异化服务，针对不同客户仍然采用同一套的运行方式，极易造成客户满意度的降低。因此，目前亟待解决的问题即在各业务流程中进行客户分类，避免出现供应与需求错位的情况，提出应对不同需求客户的流程运行方式。

2. 客户反馈

在"破垄断"之前，电力市场类似卖方市场，供电公司在电力市场占据主导地位，但随着"新电改"的进行，电力市场的放开，电力市场逐渐转型为买方市场，因此客户成为了公司发展的关键资源。除了差异化服务的问题，目前各业务流程中，仅有少数流程包含客户反馈的过程，对于以客户为主的市场而言，无法准确了解客户需求极易导致发展与实际脱节。因此针对 A 供电公司而言，目前存在客户反馈渠道较少，且常有堵塞；反馈重视程度不够，对于客户反馈常常置之不理以及反馈速度较慢，由于对客户反馈的重视程度不够以及反馈渠道少且不通畅导致客户反馈传递速度较慢，影响反馈即时性与有效性。

3. 跨部门合作

现行的各业务流程往往局限于某个部门或某职能机构中，随着公司集约化的发展,各个业务流程的运行也渐渐向跨部门发展。现行的业务流程中不同部门间进行信息的传递仍然停留在原始的各部门顾好各部门的工作方式,不同工作部门间尚未形成针对跨部门合作的工作方式,各业务流程在不同部门间的运行不通畅,进而有可能出现不同部门负责的过程不符合流程整体要求,与客户需求偏离等现象;同样,不同部门协作程度低往往会降低流程整体运行速度,信息在各个环节停留时间过长,易出现信息失真,信息偏差,并且对于要求及时性的信息而言,会导致信息不能及时传递,流程无法按时完成,最终造成客户满意度降低。

4. 业务流程人员配置

目前的地市级公司业务流程人员配备存在定位模糊,职责不清以及人员冗余等问题。定位模糊主要体现在流程的具体过程对应人员定位往往出现某过程对应人员,并未与企业内部人员组织结构对应,无法确定由哪个部门来负责该过程工作,这种情况可能会导致部门与过程具体工作错位,定位不精确造成工作完成质量降低,甚至可能出现完成工作与要求不符等情况的发生;对于职责不清的情况,在现有的相关流程中出现的次数较多,许多过程对应人员并未详细说明该工作的具体要求,仅进行了工作基本内容要求说明,工作完成质量要求较低,对于提高客户满意度而言,该问题会导致客户满意度的恶化,与总体目标不符;人员冗余的问题同职责不清同时存在,针对具体过程的人员配置,现有流程出现很多冗余的人员配置,例如审批与上交,虽然现有办公系统可以实现线上上交审批等工作,但相应流程却仍保持原有的不同分工,这种人员配置会造成人力资源的浪费,提高运行成本,同时同一流程中人员的变动频率的增加，会导致信息偏差增大，响应速度变慢，工作质量降低。

5. 流程运行

目前的相关流程在运行方面存在监督问题、过程冗余和流程有待优化问题。监督问题主要包括客户侧和管理侧两方面监督问题，针对客户而言，目前的流程运行不够透明，客户无法及时了解流程运行情况，导致客户满意度降低；对于管理人员而言，目前的流程运行无法精确到个人与过程，往往出现流程运行缓慢之后无法迅速定位问题与相关人员，流程运行不够透明，对线上办公系统的利用率较低，容易出现权责不明，监管不易等问题，且流程运行具体情况不透明，管理人员无法精确把握流程运行情况，增加了流程运行速度提高难度。过程冗余问题主要出现在流程具体设计上，在部分流程中出现了过程划分过细，造成资源浪费与速度降低等后果，同时也有部分相似流程出现相同过程却进行了不同的人员划分与工作确定，例如业扩报装业务中，针对高压与低压分别进行了不同的客户划分，不同客户对应流程中，大部分过程相同，但却处于不同流程中，造成资源浪费，运行速度降低等问题的出现，除此之外还出现了类似过程重复出现的现象，例如审查与审批，在线上平台可直接进行串联设计，但却在现行流程中出现了停顿与等待，造成响应速度降低，以及现有系统中常常出现多个并无前后相关的过程串联，造成工作环节等待，人力资源浪费并减低整个流程运行速度。优化问题主要是指现行的流程中对于客户反馈以及内部优化的相应机制不完善，对于客户提出的意见与建议不能及时反映到流程的具体过程中，容易造成流程实施与用户脱节,造成客户满意度的降低,对于管理人员而言,反馈环节提出的有效反馈落实程度较低,流程中不符合需求的部分往往长时间存在,减低运行速度以及运行质量。

6. 系统与互联网应用

尽管目前有较为完善的相关办公系统,但目前在系统方面存在透明化程度不高、跨系统信息交流不畅以及系统数量繁多等问题。系统透明化程度不高是指同流程运行存在的问题相似,主要是支撑侧的问题,对于透明化与即时性方面的流程运行要求,现有的多个办公系统尚欠缺,亟待相关模块嵌入与融合;跨系统信息交流不畅主要在不同系统间进行信息交换时出现,例如掌上营业厅与后台办公系统的信息传递不够平滑,办公系统并不能及时掌握前端数据,降低流程运行速度,同时前端也不能第一时间将后台运行情况反应给客户,客户满意度随之降低,与目标不符;系统数量繁多主要是指电网公司在近几年的发展中开发了多套系统,系统之间相互关联且都为较完善,但由于系统数量繁多,不同系统差异较大,跨系统办公难度较高,因此人员在使用时往往效率不高,也导致了系统使用率与效率未达预期,员工学习成本较高,效率较低都造成了一定程度的资源浪费以及流程运行速度的降低。

3.5 本章小结

本章在完善的理论基础之上,以 A 供电公司为例,通过详尽的理论分析、客户细分、客户需求与客户满意度调查,得到地市级供电公司客户满意度与需求情况。在此基础上，对地市级供电公司服务体系进行了详细分析。地市级供电公司服务体系包括建设思路、组织结构、业务流程与保障措施，考虑到保障措施是基于前三者的基础之上编制的，因此在现状分析阶段，仅对建设思路、组织结构与业务流程的现状及运行情况进行分析，并根据理论与客户调查的结果，分析出各个部分存在的问题，总结出目前服务体系中存在的问题以及与"大服务格局"不符合的部分，为之后的建设思路、组织结构、业务流程与保障措施的优化提供了理论与现实依据。

第4章

地市级供电公司电力服务体系创新建设思路和框架

上一章以客户调查情况为基础完成了供电公司服务体系现状分析,总结出供电公司服务体系目前存在的问题,并为优化服务体系提供了坚实的基础。本章将在上一章的基础上进行供电公司电力服务体系创新建设思路的设计。根据"大服务格局"的内涵,其格局的实现主要是以服务体系作为支撑,服务体系的构成包含四部分内容,即建设思路、组织结构、业务流程与保障措施,建设思路决定了服务体系的目标,包括服务体现优化将要实现什么样的功能与目标,组织结构如何优化,业务流程优化目的等,针对地市级供电公司服务体系的优化,同时与"五个服务"思想结合,针对地市级供电公司的组织构成,按照理论分析,专家座谈的方法提出地市级供电公司电力服务体系创新的建设思路和框架。

4.1 供电公司电力服务体系创新建设的依据

"大服务格局"下地市级供电公司电力服务体系创新建设思路

优化依据包括：①国网1号文中提出的充分认识坚持以客户为中心提升优质服务水平的重大意义，坚持以客户为中心提升优质服务水平是公司贯彻落实党的十九大精神服务人民群众美好生活需要的重要举措；②新的电改环境下，电力行业垄断被打破，新的竞争势力进入市场，对于地市级供电公司提出的以客户为核心的发展要求；③服务体系理论中所采用的服务体系要素包括目标、组织、流程与措施以及地市级供电公司现行建设思路中存在的问题。

4.2 供电公司电力服务体系创新建设的目标

"大服务格局"下地市级供电公司服务体系创新目标主要为实现创新型的服务功能与服务手段提供组织结构与业务流程支撑。

4.2.1 服务功能目标

1. "三个经理"差异化服务功能构建

根据提供前端服务的客户经理其客户业务特征，又可细分为政企客户经理、台区经理、营业厅电管家"三个经理"制度，提高主动高效和精准服务能力，强化园区供电机构、"全能型"乡镇供电所和城区低压网格化综合服务，有效对接服务园区政府机构和客户，提升城乡中小客户普遍服务水平，全面推进供电服务指挥平台建设，提升快速响应客户需求能力和服务水平。

台区客户经理队伍。将低压客户业扩报装、安全用电服务、抄表收费、计量装拆、采集运维、客户日常联络、市场开拓等业务整合为低压客户综合服务业务，由台区客户经理全面负责，实现"人员一岗多能、业务一岗作业、服务一次到位"。

政企客户经理队伍。将高压客户业扩报装、安全用电服务、抄表收费、日常联络、市场开拓等整合为政企客户综合服务业务，由政企客户经理全面负责，同时承担分布式电源接入、综合能源服务、市场化售电、充电设施"五进"推广服务等新型业务，推行主动增值服务。

营业厅"电管家"队伍。结合实体营业厅转型，将营业厅业务受理员转型为"电管家"，负责接待客户业务咨询、服务产品推介，引导推广线上渠道和家庭电气化，全面推行"业务工单制"，落实"一口对外、首问负责、一次性告知、限时办结"要求。

2. 推进实施跟踪服务功能构建

依赖互联网，借助线上平台，推进服务运行实时跟踪功能，为客户提供实时跟踪了解服务功能实现情况，流程运行进度实时监督，将例如客户咨询服务功能，业扩报装服务功能，故障报修抢修服务功能等与线上平台融合，将具体运行信息实时上传至平台，客户与管理人员都可实时掌握运行情况。

以下以故障报修抢修服务功能进行说明。

客户通过电话或手机 APP 进行报修，报修工单由国网 95598 客户服务中心直接派发到属地基层供电所，缩短了反应链条，提高了抢修效率。

供电所内勤人员与客户沟通并进行智能派单，抢修工单到达供电所后，由供电所内勤与客户进行电话沟通，对于需要现场处理的，经监控指挥系统对报修工单进行智能分析，第一时间分派能够最快到达现场的抢修人员。抢修人员接受工单，快速反应、及时处理。如此时多处有故障抢修工作时,可把工单派发给点对点距离相对比较近的抢修人员,给予支援,不囤积工作,加快客户故障的处理速度。

抢修人员接单并奔赴故障现场,抢修人员使用手机 APP 接受工单后,通过 APP 查看报修信息及客户地理位置,预估到达现场时间,立即赴故障现场。抢修人员接单后,客户可通过手机 APP 查看抢修人员姓名、照片、联系电话、地理位置及预计到达时间,实现与抢修人员的互动。

抢修人员以专家辅助系统为支撑进行故障处理,抢修人员到达现场后,对故障进行确认,并在手机 APP 中选择处置措施。APP 将自动筛选并关联对应作业指导卡。作业指导卡针对各种故障类型对应的典型处理措施,实现故障处理分步指导。抢修人员根据 APP 提供的作业指导逐步开展现场操作,实现原有作业指导体系在一线工作中的落地。抢修人员如遇到困难,还可以通过文字、语音、电话和视频 4 种通信模式,多方通话,实现远程在线会诊,获得公司级专家团队的指导帮助。

在抢修过程中,抢修人员还可以通过手机 APP 进行客户档案查询,直接查询购电明细、电能量信息等客户档案,以改变之前需要电话联系内勤协助查询信息的传统方式,提高抢修效率。故障修复后,抢修人员通过手机 APP 进行远程回单,输入方式可为语音输入及语音转换为文字等多种方式,实现工单归档备注等信息快速录入,提升 APP 功能的人性化程度和工作效率。抢修完成后,客户可通过手机 APP 对抢修人员的服务质量、服务态度等进行评价。

同样可将上述服务功能运用至其他服务功能，实现各项服务功能的透明化，倒逼服务效率提升，提高客户满意度。

3. "全能型"线下营业厅构建

对服务进行有效的集成与整合，提供"一站式"服务，尽量保障客户在一个地方就可以满足全部的业务诉求，节省客户在业务办理过程中奔波与等待的时间，为供电企业树立服务人性化、专业化的正面形象，彻底扭转老国企"门难进、脸难看"的不良口碑。供电服务营业厅作为客户服务的窗口单位，在实施"一站式"服务时更应该加大力度。

实施岗位动态调配制度，供电服务营业厅内容可以试试岗位动态调配制度。不同业务类型的柜台之间、柜台工作人员与大厅工作人员之间均可实施岗位轮换。让全体供电服务人员全面地掌握供电服务知识，锻炼服务技能，培养一专多能的服务专家。

开展顾客需求针对性服务，供电服务营业厅应及时对客户的业务需求进行深入了解，针对不同的业务需求提供针对性的供电服务。

引进成熟智能服务技术，在客户服务的过程中，可以通过引进市场上已经成熟的技术和服务项目来提高供电营业的服务质量，具体可以包括以下几个方面：加强与银行等金融机构的合作，实现通过网上银行、手机银行代收电费；加强与移动支付企业的合作，在营业厅实现微信支付、支付宝支付等多种便捷的支付手段，同时扩大手机APP缴纳电费的应用范围；在人口密集的街道、小区或商业贸易区设置无人营业厅，营业厅内设置自助服务终端，可以通过自助服务实现缴费、查询等功能，为客户提供24小时的便捷服务；与通信公司深度合作或加强电网企业手机 APP 的研发，通过手机可以接收电费提醒及账单提醒、查看用电曲线等服务，并接受在线用电常识宣传。

4.2.2 服务手段目标

1. 实现"五个服务"的闭环服务模式

"五个服务"是指规划为基建服务、基建为生产服务、生产为营销服务、营销为客户服务以及机关为基层服务。"五个服务"内部运营机制是公司构建"五大管理（计划管理、流程管理、组织管理、战略管理与文化管理）"卓越运营体系的核心组成部分，是强化"大后台"建设的重要保障。"五个服务"内部运营机制就是：始终围绕客户需求这一主线，公司的规划、基建、生产、营销等部门按照服务内部客户和外部客户两个维度，明确上一环节为下一环节服务的标准，将"五个服务"理念落实到每一个需求、每一个流程、每一个节点中，全力打造全员服务、全业务支撑的"全员一体化大服务新格局"，着力提升企业的市场应对能力和核心竞争力。

2. 绘制客户画像实现精准营销

以客户标签库的上线为标志，将业扩全流程的经验进一步向更多业务领域拓展，实现从"线"到"面"，全面启动"互联网+营销服务"建设，促进企业更好地响应市场变化和客户需求。一是开展客户画像管理，对客户基础数据、服务触点、用电行为、用户体验等客户具体信息的数据价值提炼，通过画像中的客户标签形象直观的表达客户特性，较以往更有利于把握客户需求。利用数据挖掘对客户进行碎片化信息具象重新分类,形成数字化、动态化的电力客户画像。二是根据不同的客户细分,配置针对性的业务策略,形成通用业务策略库,支撑基于大数据的市场化精确营销。通过客户细分建模的积累和梳理,将有价值的客户细分过程和结果标签化,形成社会属性、交费行为、用电行为、信用评价、风险评估和关联行为等维度输出标签,覆盖公司所有客户。电费风险防控是通过标签构建客户信用,匹配差异化的告知书、催费短信、催费通知单、欠费停电功能等不同策略,实现基于客户信用评价的差异化催收。

将服务产品全周期的管理理念和方法逐步导入现有服务体系中,满足"小步快跑,循环迭代"的互联网产品技术创新策略和产品体验要求。一是建立完整的数据产品设计管理方法,制定"互联网+营销服务"智能互动服务体系建设产品开发流程,提出服务产品化的通用解决方案,实现产品从需求、设计、开发、评估、固化、营销策略制定、产品推广及迭代更新等全生命周期管理。二是坚持 PDCA 管理原则,以典型业务模型设计为轴心,加强项目计划管控,建立项目风险与问题的闭环管理机制和监督反馈机制,严格执行成效评价和总结等管理工作,全面开展项目全过程质量管理工作,确保"互联网+"营销服务项目建设达成预期目标。

3. 线上线下一体化的渠道服务手段推进

整合"互联网+"服务渠道,统一线上业务办理入口,逐步开放客户服务、业扩报装、用电检查等微应用。加快推进实体营业厅智能化升级,大力推广营配一体化现场移动作业终端,实现线上线下服务无缝衔接。在全公司范围内推进低压用户远程停复电应用，研究试点高压远程费控功能，费控用户远程停复电比例达到90%以上；研究本地费控智能表远程化管理，优化交费渠道和方式，力争实现 A 公司 520 万低压居民客户足不出户交费购电。试点基于智能电能表扫码共享用电功能，为农业排灌等临时用电提供便捷服务。

依托"网上国网"统一网上能源服务平台，加快传统线下服务向互联网线上服务模式转变，实现全服务线上化、全流程集成融合、全环节智能互动。加强线上渠道应用推广，立足客户体验，实施服务产品迭代开发，有效聚合客户。加快推进营业厅智能化转型，大力推进现场移动作业微应用，实现线上线下高效协同。

持续优化线上线下体验，着力打造综合智能营业厅。实行营业厅综合柜员制，融合营业厅综合业务咨询、受理、查询、缴费等职能，建立"内转外不转"协同沟通机制，同时配备身份证复印机，节省客户申请环节时间，开展营业厅效能革命，实行业务办理倒计时，实现"一口对外"服务和"一站式"服务的综合柜员制窗口。

供电所以"互联网+"为支撑，利用移动办公 APP "台区电管家"，降低沟通与管理成本，提升办公效率。建立"可视化移动应急指挥平台"，为台区经理配备"AR 视频直播眼镜"，实现管理末端转变为服务前端，实现客户服务、低压配网运维业务的智能化管理、可视化监控和信息化调度，降低现场单兵作业安全风险以及敏感客户的服务风险，实现了台区经理工作后台危险点监控预警推送和信息化调度。

以"互联网+大数据"为支撑,创建台区客户用电履历表、客户业务请求频次及业务类型统计表,统计分类出具有代表性的业务类型,针对性地配备流动计量箱、临时配电箱等,提前将设备、材料分布式存放,台区经理快速响应,通过对客户用电履历表的查询,可对业务处理提前做出辅助决策,办理相应工作票,就近联络另一名台区经理,选择相应的"轻骑兵工具装备"前往现场进行处理。真正落实"一张工单、一支队伍、一次到达现场、一次解决问题",实现"一站式家庭办公"。

全面推进营配业务融合,打造"互联网+智能家居体验区",注重客户对智能家居的链式体验感,注重向客户直观演示智能家电与传统家电能耗对比、注重向客户进行清洁电能替代宣传推广,实现单一功能模式向现场体验综合服务模式的转型,实现智能化、体验型的"全能型"的服务。

4.3 供电公司电力服务体系创新建设的原则

1. 坚持目标导向

以客户需求为出发点,以提升公司服务效率与质量为核心目标,响应党的十九大报告提出的"发展是解决我国一切问题的基础和关键,发展必须是科学发展,必须坚定不移贯彻创新、协调、绿色、开放、共享的发展理念"推进电力市场发展,在新的电改环境下提升企业自身竞争力,坚持省公司提出的服务体系建设目标,以目标指导行动。

2. 坚持用户至上

以客户需求为第一驱动,抓住客户服务痛点热点,切实把握业务协同、服务响应、信息共享、市场开拓等方面存在的突出问题，针对不同客户制定充分响应客户需求的业务流程，及时对客户意见及投诉进行反馈与优化，落实"五个服务"内部运营机制，切实从企业组织结构与业务流程上塑造为客户服务的新型企业，从客户角度充分解决供电能力，供电质量，市场拓展及客户服务等方面存在的各种问题。

3. 坚持创新引领

紧紧把握"互联网+"局势，抓紧推广线上线下一体化，紧跟时代创新潮流，追踪创新技术，学习与应用创新型管理思想和服务体系建设方法，推动企业内部技术创新，管理创新，创建创新型企业氛围，激发企业员工创新活力。

4. 坚持高效融合

立足客户与公司，提高公司跨专业协同，跨部门合作能力，培养基层员工"一岗多能"，中层员工"博采众长"，高层员工"融会贯通"。积极促进企业内部组织结构优化融合，降低各专业与部门间壁垒，促进企业成为拥有共同目标的高度融合的服务型企业。

4.4 供电公司电力服务体系创新建设的实施路径

服务体系的建设思路从陕西省电力公司的角度来看，属于战略决策，因此应当由陕西省电力公司进行决策。对于地市级供电公司而言，应当根据省电力公司确定的建设思路进行地市级的公司建设思路优化，主要包含以下三点。

1. 强化资源整合，深化组织变革

打造坚强前端服务队伍，推进市县营配业务深度融合，将资源和权限向一线倾斜,构建"强前端、大后台"服务架构。推进资源整合、组织结构优化,以"三个经理"与"五个服务"为核心深化组织变革,探索地市级供电公司自顶向下的新型组织结构,推进营配调业务协调融合,加快形成全员一体化大服务新格局。

2. 加强响应机制,优化服务流程

坚持以客户为中心,推动服务理念转型升级,推进流程再造,提高对客户需求响应程度,压缩客户等待时间、缩短业务处理时间、降低流程运行成本、提高供电可靠性、提高服务质量,方便客户获得电力,进一步丰富拓展服务理念内涵,增加业务流程运行弹性,探索并推进"主动服务"进程,实现"差异化""主动化""弹性化"流程优化,推进以"客户"为中心的服务体系构建。

3. 推进内部整合,完善保障措施

整合公司资源,以"强前端,大后台"为核心进行资源整合与配置,在保证一线所需资源基础上,调动公司所有资源,扮演好"大后台"角色,建立相应保障机制,确保"前端"与"后台"构成的整体顺利运行,推进"大服务格局"在地市级供电公司平稳落地,加快新型服务体系的构建,保障"大服务格局"构建进程。

4.5 供电公司电力服务体系创新的框架内容

结合服务创新理论,供电公司电力服务体系创新建设的依据、目标、原则以及实施路径,最终提出了如图 4-1 所示的供电公司电力服务体系创新建设的框架内容。

第4章 地市级供电公司电力服务体系创新建设思路和框架

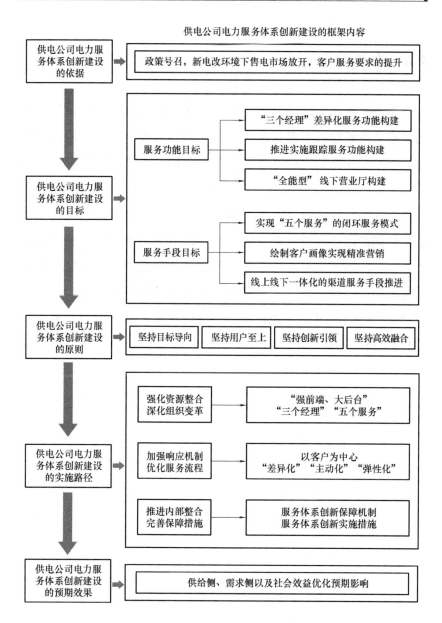

图4-1 供电公司电力服务体系创新建设的框架内容

4.6 本章小结

本章根据相关理论基础,针对国网与陕西省电力公司提出的新型服务体系建设思路进行了学习与引申,提出了对于地市级供电公司变更支撑的建设思路,包括强化资源整合,深化组织变革;加强响应机制,优化服务流程;推进内部整合,完善保障措施。并确立了地市级供电公司服务体系建设工作目标强调以客户为中心、协同高效、价值共创、精益管理,实现服务功能与服务手段创新。同时编制了地市级供电公司服务体系建设基本原则,坚持目标导向,坚持用户至上,坚持创新引领及坚持高效融合。确定了服务体系的建设思路和框架,也就确定了组织结构与业务流程优化的目标与路径。

第 5 章

地市级供电公司创新营销组织模式的构建

组织结构是企业中对于工作任务如何进行分工、分组和协调合作建立的人员与层级关系结构，服务体系构建过程中，建设思路作为纲领性角色决定着组织结构以及其他部分如何进行。本章按照组织结构变革理论与服务营销理论，依照国网 1 号文提出的强化资源整合为优化思路，按照组织变革理论提出的六个步骤，根据组织的环境适应能力、自我识别能力、现实检验能力、协调整合能力来研究供电公司企业组织变革模式。

5.1 构建依据

地市级供电公司组织结构优化依据主要有以下几点。

1）对地市级供电公司现状进行分析得出的地市级供电公司组织结构目前存在的问题。

2）国网 1 号文指出的强化资源整合，推进营配调业务协调融合，探索城区低压网格化综合服务模式，加强"一专多能"台区经理队伍建设，实现现场服务一支队伍、一次满足客户诉求。强化 95598 在线客服对线上办电服务支撑。深化组织变革，结合"互联网+"、营配调贯通和营销自动化技术深化应用，优化服务组织体系。深化"全能型"乡镇供电所建设，全面推广地市公司供电服务指挥平台，完善园区供电服务机构等组织结构优化要求。

3）经过客户需求调查得出的客户对于地市级供电公司提出的客户需求。根据这些要求对地市级供电公司组织结构进行优化。

4）组织结构变革理论与服务营销理论。

结合以上依据与理论基础，本章选取国网标杆公司的实践进行研究，结合该供电公司当地现状进行组织结构的优化。

5.2　创新营销组织结构的构建

5.2.1　"强矩阵"式组织模式的构建

职能型组织结构采用专业分工的管理人员，来代替直线制的全能管理者，设立了在自己业务范围内有权向下级命令和指挥的职能机构。各级主管除服从上级行政领导的指挥以外，还要服从上级职能部门在其职能领域的指挥。这一职能型组织结构强调的是市场营销各种职能的重要性。

矩阵制是由两套管理系统相结合而形成的长方形组织结构。把按职能划分的管理机构与按产品划分的项目小组结合起来，在直线职能制垂直形态的组织系统的基础上，加上一套为完成某项任务暂时设立的横向项目系统，是一种"非长期固定"的组织矩阵结构适用范围企业需做出快速反应以适应要求和产品开发需要时要求部门之间有高度的横向与纵向的联系时使内部资源达到规模经济,要求企业灵活地共享设备与人员。这种结构能够发挥各方面专业人员的作用,对以项目管理为主要特征的企业比较适用,有利于加强各部门的横向联系,提高组织管理的机动性和灵活性。

地市级供电公司营销组织模式是否合理有效,关键是能否适应不断变化的市场,有利于营销执行。一个不适应市场需要的营销组织模式,将会阻碍地市级供电公司营销目标的实现。通过对地市级供电公司内外部环境分析和自身业务发展的实际情况的分析,可以看出,矩阵式的营销组织模式将是一个相对理想的选择。而地市级供电公司营销组织模式的有效构建必须解决好营销矩阵的纵横两个方面的有效性问题。供电公司在原有职能型组织结构的基础上,运用矩阵式组织结构的相关理论,最终构建"强矩阵式"组织结构。区别于矩阵式的"非长期固定"组织,即为完成某项任务暂时设立的横向项目系统,"强矩阵式"组织结构更加稳定,强化横向协同作用,项目经理可以调动跨部门资源;项目经理制的推广,客户经理可满足客户多方面的需求;"强矩阵式"的组织结构有利于加强各部门的横向联系,提高组织管理的机动性和灵活性。

当前供电企业营销组织结构的设计方面,仅强调部门划分及部门间任务的分配,而没有关注部门间如何协调。营销部门设置应以客户为中心,若还是沿用之前的职能型组织结构,在原有的部门设置格局下,某些与之冲突的业务运作规范很难开展。因此,需要采取项目经理制，建立政企客户经理制、台区经理制、营业厅"电管家"制"三个经理"机制，强化横向协同作用，提供横向地位，项目经理可以调动跨部门资源。项目经理制的推广，客户经理可满足客户多方面的需求，解决部门分割局面不利于客户经理开展工作的问题。因此，对于供电企业营销组织结构而言，只有将职务设计与部门设置相配合，采用"强矩阵"的新型营销组织结构，才能使组织、环境及员工情感达到有机的和谐统一，才能使三者之间达到协调一致，实现共同发展。

5.2.2 "1+N"模式的构建

强化前端服务队伍，推进市县营配业务深度融合，将资源和权限向一线倾斜，构建"强前端、大后台"服务架构。由客户经理牵头，针对业扩报装、客户侧故障抢修、综合能源服务等需求，协调规划、配电、工程项目及综合能源服务等专业人员，组成"1+N"服务支撑"联合舰队"，快速响应客户诉求。其他一线人员在与客户接触过程中收集到的各类市场信息和客户诉求，第一时间传递给客户经理，充分发挥"联合舰队"支撑作用，有效提升服务能力。

深化营配融合，构建营配合一全能型网格化供电服务实施机构优化调整市县公司业扩相关业务管理职责，有效解决报装协同专业壁垒。将市县公司营销、配电专业机构和人员整合重组，重点将营配专业关联紧密、流程衔接的设备运维等现场作业进行整合，实现低压营配业务"一岗多能"全面融合、10kV营配业务协同融合。

1. 打造专业专注的前端服务队伍

建立政企客户经理制、台区经理制、营业厅电管家制"三个经理"机制，提高主动高效和精准服务能力；强化园区供电机构、"全能型"乡镇供电所和城区低压网格化综合服务，有效对接服务园区政府机构和客户，提升城乡中小客户普遍服务水平；全面推进供电服务指挥平台建设，提升快速响应客户需求能力和服务水平。

打造台区客户经理队伍。将低压客户业扩报装、安全用电服务、抄表收费、计量装拆、采集运维、客户日常联络、市场开拓等业务整合为低压客户综合服务业务，由台区客户经理全面负责，实现"人员一岗多能、业务一岗作业、服务一次到位"。

打造政企客户经理队伍。将高压客户业扩报装、安全用电服务、抄表收费、日常联络、市场开拓等整合为政企客户综合服务业务，由政企客户经理全面负责，同时承担分布式电源接入、综合能源服务、市场化售电、充电设施"五进"推广服务等新型业务，推行主动增值服务。

打造营业厅"电管家"队伍。结合实体营业厅转型，将营业厅业务受理员转型为"电管家"，负责接待客户业务咨询、服务产品推介，引导推广线上渠道和家庭电气化，全面推行"业务工单制"，落实"一口对外、首问负责、一次性告知、限时办结"要求。

2. 打造高效协同的后台服务支撑团队

按照"强前端、大后台"的体系构建要求，提升公司服务策略和产品设计、市场营销策划推广能力，强化客户服务中心、供电服务指挥中心在营销大数据分析、服务质量管控和政策研究等方面的能力。发挥供电服务指挥平台作用，强化营配调信息共享，推广配网设备状态主动监测预警和不停电作业措施，完善智能表停上电事件主动上报功能，实现低压故障快速发现和准确定位，全面开展主动抢修服务；优化低压网格化布点，强化抢修"第二梯队"建设，全面开展低压故障综合抢修，缩短停电时间，着力解决抢修到场超时、提前回复工单和故障抢修不彻底等问题，提升客户故障报修满意度。

打造营销专业支撑团队。整合10kV及以上计量、采集运维业务，组建装采合一的计量采集现场运维班组，提供计量、采集技术支撑；整合市县公司电费核算及账务处理业务，组建集约化专业班组，强化营财一体化管理，提供用电信息告知、电子对账、电子发票、退费等专业支撑；整合营销数据分析和质量管控业务，组建信息数据分析及业务质量管控班组，开展用电信息采集数据应用、营销稽查、线损统计分析等业务，为前端服务提供数据深化应用和信息共享支撑，开展前端业务质量和服务风险管控。

打造营配技术支撑团队。依托地市公司经研所，组建营配技术团队，提供业扩报装、安全用电、配网规划、供电能力评估、综合能源服务等技术支撑，提升前端队伍的服务能力。

打造线上服务支撑团队。依托"网上国网"平台推广应用，整合线上渠道建设推广运营业务，组建省市县三级渠道运营机构，健全完善全渠道运营管控体系，打造一支富有创新意识、学习能力的渠道运营团队，推进线上线下一体化运营。

打造新兴业务支撑团队。在地市公司设立综合能源服务业务岗位，负责组建新兴业务市场开拓团队，组织大客户经理开展潜力项目信息收集，协调集体企业，做好业务落地支撑。

3. 组建供电服务指挥中心

供电服务指挥中心作为地市公司二级机构，接受运检、客户服务、调度部门的专业管理，是供电服务和配电运营指挥机构。负责配网调度控制、配电运营管控、客户服务指挥和服务质量分析管控，对外负责95598、电子渠道、12398、市政公共服务热线等途径的客户诉求归集沟通、服务信息发布，对内开展业扩报装全流程跟踪监督，强化"五个服务"运营分析管控，指挥大后台资源支撑前端，充分发挥指挥中心连接前端与大后台的枢纽作用，并对服务过程、服务质量开展分析管控，提出业务改进建议，提升客户诉求快速响应与处理能力。

5.2.3 新型营销组织结构

建立政企客户经理制、台区经理制、营业厅"电管家"制"三个经理"机制，提高主动高效和精准服务能。构建"$1+N$"模式，即打造坚强前端服务队伍，推进市县营配业务深度融合，将资源和权限向一线倾斜，构建"强前端、大后台"服务架构。组建供电服务指挥中心，指挥大后台资源支撑前端，充分发挥指挥中心连接前端与大后台的枢纽作用。组织结构纵向层面实现基层即乡镇层的业务综合化、中层专业协同化、高层职能化；横向层面建立共享化、集成化、可视化的信息化平台作为强大支撑。在组织机构基础上建立高效运行机制，最终实现现有客户的满意度及原有客户的忠诚度。图5-1所示为地市级供电公司新型营销组织结构图。

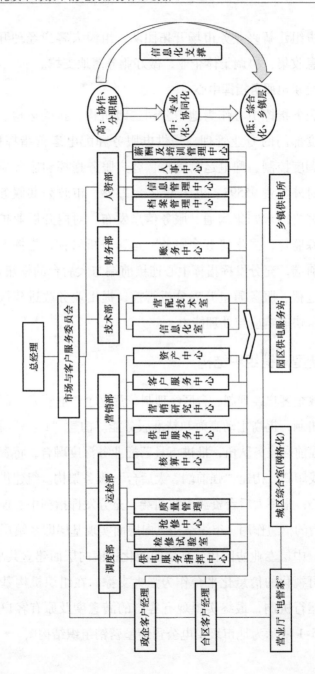

图 5-1 地市级供电公司新型营销组织结构图

5.3 创新运营机制的构建

全面落实"管专业必须管服务"要求，明确公司各专业、各层级的服务主体责任，细化关键业务协同服务流程和要求，明确相关部门在客户服务业务中的工作要求，建立横向服务协同工作机制。坚持客户至上，围绕客户服务一条主线，把客户需求贯穿于公司各项工作，实现"始于客户需求、终于客户满意"。充分运用互联网思维，实施"互联网+营销服务"的做法，变革服务模式，持续提升服务水平。

5.3.1 打造便捷高效的中小客户服务模式

实现便捷温暖服务。针对居民和中小客户，进一步优化办电流程、拓展交费渠道，推广电子发票、停电信息主动通知、线上报修、可视化抢修等特色服务，实现客户"一次都不跑"。设置营业厅"电管家"机制，推广线上渠道，推广家庭新型用能设备。

供电所在营业厅设立综合服务体验区，客户到达营业厅可根据自己的需求进行包括新型业务在内的供电服务全业务办理。在"互联网+智能家居体验区"，以国网商城新型智能节能家电为体验产品，让客户体验新型智能家电所带来的信息化、未来感、便捷生活的同时，直观的对比新型智能节能家电与传统家电的耗能差。

推进一体化平台建设，提升供电所关键指标，持续深化星级供电建设。加大一体化监控平台项目组配合力度，分专业开展"1"部分指标梳理工作及"N"部分需求制定与确认工作，配合完成"1"部分指标梳理及采集来源确认工作。

"全能型"供电所工作要求有一支复合型员工队伍,供电所依托"互联网+教育培训"思维,加快复合型、新型业务培训工作,培养德才兼备、一专多能的"全能型"队伍。

依托信息系统实施教育培训电子化应用,建立线上系统业务知识资源库,对每一种业务的处理统计在册,图文并茂并配以简明教程,台区经理可在现场处理相关业务时,登陆线上系统进行业务流程的确认或现场学习后进行处理,实现远程教育培训与"全能型"乡镇供电所台区经理岗位的深度融合。

打造以新型业务培训实训及客户宣传推广的综合体验区,包括分布式光伏发电站、分布式光伏电源装表接线实训区、电动汽车充电桩实训区三大新型业务实训区,为"全能型"员工队伍新型业务的培训提供有力支撑。建立"全能型"供电所培训基地,为下一步"全能型"供电所的教育培训工作奠定基础。

5.3.2 打造主动增值的政企客户服务模式

供电所变被动服务为主动服务,变定点服务为定人服务,以抢修车辆为"台区经理移动办公点",定期前往管辖台区走访了解客户用电需求,变单一服务为综合服务,提供全方位用电服务。

供电所台区经理实行移动POS机缴费终端现场电费回收,便携式蓝牙打印机提供缴费凭证。使用"掌上电力"APP现场受理客户业扩报装业务,利用微信工作群进行业务传递,结合优化后的低压业扩报装流程,实现客户现场业扩报装流程一次到位。同时对客户进行线上服务渠道、电能替代以及新型业务的推广,统计分类出具有代表性的业务类型，针对性地配备流动计量箱、临时配电箱等现场应急便携式"轻骑兵工具装备"，根据客户业务需求选择外勤工作所需装备。发放服务连心卡，做好客户售后服务需求登记，实现一次到达现场，一次服务到位。

全面推行客户经理制，简化业务流程和收资要求，推行预约服务、上门服务，提供"一站式"业扩报装服务，推广客户工程典型设计，与客户签订契约明确接电时间，限期投运供电，实现主动增值服务。针对政企客户，实现由被动坐等向主动上门服务转变，整合现有服务资源和力量，灵活配置由政企客户经理、配电规划人员、工程项目经理、综合能源服务人员组成的专业化团队，持续优化业扩接电、安全用电等传统服务，主动为客户提供能效诊断与改造、综合能源服务等增值服务，增强客户黏性，以服务赢得市场。

加快推广电子发票、可视化抢修等特色服务。深化智能电表非计量功能应用，停电自动上报功能试点范围扩大覆盖至全公司100%的居民客户，提高精准推送停电通知到户能力。主动为政企客户提供能效诊断与改造、综合能源服务等一揽子用能解决方案，拓展增值服务。研究基于智能电能表数据分析负荷特征技术，为客户提供用能分析及改进建议。

强化大用户直购电服务，构建高效便捷的市场化交易电费结算体系，引导政企大客户利用市场平台开展直接交易，降低客户市场参与难度和用能成本。

5.3.3 打造线上线下一体化的渠道融合服务模式

整合"互联网+"服务渠道，统一线上业务办理入口，逐步开放客户服务、业扩报装、用电检查等微应用。加快推进实体营业厅智能化升级，大力推广营配一体化现场移动作业终端，实现线上线下服务无缝衔接。在全公司范围内推进低压用户远程停复电应用，研究试点高压远程费控功能，费控用户远程停复电比例达到90%以上；研究本地费控智能表远程化管理，优化交费渠道和方式，实现公司低压居民客户足不出户交费购电。试点基于智能电能表扫码共享用电功能，为农业排灌等临时用电提供便捷服务。

加快传统线下服务向互联网线上服务模式转变，依托"网上国网"统一网上能源服务平台，实现全服务线上化、全流程集成融合、全环节智能互动。加强线上渠道应用推广，立足客户体验，实施服务产品迭代开发，有效聚合客户。加快推进营业厅智能化转型，大力推进现场移动作业微应用，实现线上线下高效协同。

持续优化线上线下体验，着力打造综合智能营业厅。实行营业厅综合柜员制，融合营业厅综合业务咨询、受理、查询、缴费等职能，建立"内转外不转"协同沟通机制，同时配备身份证复印机，节省客户申请环节时间，开展营业厅效能革命，实行业务办理倒计时，实现"一口对外"服务和"一站式"服务的综合柜员制窗口。

通过优化营业厅功能设置、升级硬件设备设施、完善业务渠道等措施，供电所开通营业厅移动互联网Wi-Fi热点，配备身份证识别扫描仪，多点触摸线上业务自助办理系统，引导农村用电客户进行业务线上办理、电子化缴费、电子化账单等线上服务，使营业厅作为线上服务的线下体验和补充，成为"全能型"供电所吸引客户、拓展市场的前沿阵地。同时梳理传统线下业务办理流程及耗时,与新型线上业务办理流程及耗时进行对比,让客户体验线上业务办理便捷高效的同时,认可并接受线上业务办理渠道,营造客户之间"互联网+营销业务办理"的良好口碑。梳理传统线下业务办理流程及耗时,并与新型线上业务办理流程及耗时进行对比,让客户体验线上业务办理便捷高效的同时,认可并接受线上业务办理渠道,营造客户之间"互联网+营销业务办理"的良好口碑。

供电所以"互联网+"为支撑,利用移动办公APP"台区电管家",降低沟通与管理成本,提升办公效率。建立"可视化移动应急指挥平台",为台区经理配备"AR视频直播眼镜",实现管理末端转变为服务前端,实现客户服务、低压配网运维业务的智能化管理、可视化监控和信息化调度。降低了现场单兵作业安全风险以及敏感客户的服务风险,实现了台区经理工作后台危险点监控预警推送和信息化调度。

以"互联网+大数据"为支撑,创建台区客户用电履历表、客户业务请求频次及业务类型统计表,统计分类出具有代表性的业务类型,针对性的配备流动计量箱、临时配电箱等,提前将设备、材料分布式存放,台区经理快速响应,通过对客户用电履历表的查询,可对业务处理提前做出辅助决策,办理相应工作票,就近联络另一名台区经理,选择相应的"轻骑兵工具装备"前往现场进行处理。真正落实"一张工单、一支队伍、一次到达现场、一次解决问题"。实现"一站式家庭办公"。

全面推进营配业务融合,打造"互联网+智能家居体验区",注重客户对智能家居的链式体验感,注重向客户直观演示智能家电与传统家电能耗对比、注重向客户进行清洁电能替代宣传推广，实现单一功能模式向现场体验综合服务模式的转型，实现智能化、体验型的"全能型"的服务。

5.3.4 打造营配合一的全能型网格化综合服务体系

整合市县公司营销、配电机构，推进营配业务深度融合，实现配网规划建设与客户用电需求有效对接，推行低压营配业务"一岗多能"全面融合和10kV营配业务协同融合，全面提升供电服务效率。

打造城区全能型供电服务机构。整合城区10kV及以下营配资源，实施机构、业务深度融合，按区域设立城区营配合一供电机构，构建供电服务"大网格"，贴近客户、贴近市场、贴近设备，缩短服务半径，强化服务协同，实现现场服务一支队伍、客户诉求一次解决。

推进城区低压网格化服务。突出快速响应，整合市县城区低压营销服务与配网运维检修服务资源，设立营配合一的网格化低压供电服务班，推行"台区经理制"，开展低压网格化综合服务，快速响应客户诉求，提供"电保姆"主动服务。

推进城区10kV营配业务融合。突出效率提升，整合市县城区10kV配网运行与营销服务资源，设立营配合一的网格化高压供电服务班，推行"客户经理制"，实现10kV营配一体化运营，改变多专业负责同一片区、多岗位接触同一客户、多环节串行同一流程的现状，提升服务质量和效率。

深化园区"一站式"供电服务。突出市场导向，根据园区级别、规模、发展形势，因地制宜设置园区供电分（支）公司、园区供电所（供电服务站）等不同类型的营配合一供电机构，对接政府园区管理机构和用电客户,作为园区增量配售电市场竞争主体,全面负责园区 10kV 及以下电网建设、运维、抢修和营销服务全部业务,开展综合能源服务等市场化竞争业务,快速响应客户个性化服务需求,提升园区服务水平和市场竞争能力。

深化全能型乡镇供电所综合服务。突出城乡均等服务,深入推进全能型供电所建设,推行"综合柜员制""台区经理制"和网格化综合服务,推进再电气化、光伏并网和电能替代等新型业务,服务乡村振兴战略落地,提升农村供电普遍服务水平。

供电所实行"台区经理制",实施"网格化"服务管理,推行现场服务一次到位。制订台区经理制管理细则、台区经理制管理责任书、台区经理制绩效考核细则,为"台区经理"供电服务新机制落地做好理论支撑。同时,梳理并完善台区经理工作流程,创建客户"星级"好评标准工作作业卡,规范日常服务工作,以"就近响应、协同跟进、现场对接、共同处置"为原则,严格遵循"首问负责制""首到责任制",切实发挥台区经理在乡镇供电服务中牵头、协调、沟通、联系的纽带作用。

5.3.5 建立横向服务协同工作机制

全面落实"管专业必须管服务"要求,明确公司各专业、各层级的服务主体责任,在相关部门设置专(兼)职服务专责,建立供电服务质量管控责任网络。细化关键业务协同服务流程和要求,梳理客户重点关注的业扩报装、故障抢修、停送电管理、投诉举报处理等业务,明确相关部门在客户服务业务中的工作要求,建立横向服务协同工作机制。建立基于供电所全业务的综合计划下达和综合业务指派机制,提高县公司对内协同和对外服务质量、效率,率先实现在县公司落地。

5.3.6 建立责任清单和考核机制

按照上一个环节为下一个环节负责的原则,梳理责任清单,明确每个环节的交付标准和考核标准,健全全流程、全专业的服务管控、监督、评价和改进闭环机制,将机制根植于每项业务的每个环节,真正做到"人人都是营销员"和全员"三个紧盯"。建立常态分析管控机制,定期召开市场与客户委员会例会,协调督促相关部门落实职责,推进内部运营机制高效运转。

5.3.7 建立人才激励和考核机制

研究建立适应市场化经营服务的人才激励和考核机制。研究市县公司有效授权模式和管理方式,建立科学的市场服务投入与收益考核评价机制。研究优化营销岗位岗级设置,完成第一轮"全能型"员工评聘,推进建立以客户、市场和效益为导向的人才激励评价机制。

5.4 创新组织模式的构建

组织模式由组织结构和组织行为构成。其中组织结构反映机构设置和权责分工关系,是企业组织模式的基础;组织行为反映领导、沟通、权限划分等关系,是企业组织模式的表现。结构是行为的基础,结构的调整必然导致行为的改变,因此研究组织模式主要应探讨组织结构的变化。

通过打造前端服务"三个经理",构建"强前端、大后台"服务架构。在组织机构基础上建立高效运行机制,通过建立横向服务协同工作机制、责任清单及考核机制、人才激励及考核机制,打造便捷高效的中小客户服务模式、主动增值的政企客户服务模式、线上线下一体化的聚到融合服务模式、营配合一的全能型网格化综合服务体系,实现具备提供差异化服务,线上线下综合服务,跨部门合作,跨专业协作的组织结构模式,同时也为提高业务流程运行速度,组织结构优化,资源配置优化提供了实现的组织结构基础,为后续的服务体系优化工作奠定了坚实的支撑体系。

5.5 本章小结

本章在现状分析与已确定的建设思路基础下,积极响应省公司提出的服务前端"三个经理"要求,"五个服务"号召以及"强前端、大后台"供电服务体系的思想,对地市级供电公司组织结构进行了优化,以客户满意度为基础,构建出了"强矩阵"式组织模式、"1+N"模式,并提出了运营机制相关内容,深化"三个经理"理念,响应"五个服务"号召,打造高效协同的后台服务支撑团队以及组建供电服务指挥中心。对于新型服务体系构建而言,建设思路与组织结构改革的完成,为业务流程优化奠定了优化思路与人员配置基础,这两者的确定标志着新型服务体系的构建进入下一个阶段。

第6章

地市级供电公司电力服务流程优化

服务流程优化是服务体系优化的核心部分,"五个服务"中提出"规划服务基建、基建服务生产、生产服务营销、营销服务客户、机关服务基层"的五个要点,在组织结构重建的基础上,更要求业务流程上能够充分反映跨部门,跨专业的综合性转变并实现对"五个服务"的响应及"大服务格局"的支撑,因此,以第4章建设思路与总体架构为基础,通过第5章对组织结构的优化,依据第3章服务流程现状分析得出的问题,本章根据业务流程再造理论、瓶颈理论,依据"大服务格局"、"五个服务"与"互联网+"等理论,强调客户需求的响应,客户满意度的提高,全局服务化的建设,信息化平台的建设以及线上线下一体化服务流程的实现,按照 ECRSI 方法提出的取消、合并、调整顺序、简化以及增加的逻辑对各项业务流程进行优化。

6.1 业务流程优化基础

6.1.1 优化依据

"大服务格局"下的地市级供电公司服务流程优化的主要依据

包括以下内容：

1）国网 1 号文中提出的实现一体化线上服务，加强线上渠道应用推广，推进营业厅智能化转型，设置营业厅"电管家"，深化跨界共享服务应用，加快"多表合一"信息采集建设应用，实现主动增值服务，加强"一专多能"台区经理队伍建设，推行政企客户经理制、营业厅"电管家"制。

2）业务流程再造理论中提出的业务流程改造的核心是改之有进而不是为变而变，它是建立在对企业现有业务流程"怀疑"的基础上，以最大限度地满足消费者需求为出发点，对企业的流程和组织进行彻底改造。

3）7P 理论中提出的服务产品（Product）、服务定价（Price）、服务渠道或网点（Place）、服务沟通或促销（Promotion）、服务人员与客户（People）、服务的有形展示（Physical Evidence）、服务过程（Process）是企业进行营销的关键。

4）瓶颈理论提出的任何系统至少存在着一个制约因素/瓶颈，否则它就可能有无限的产出。因此要提高一个系统的产出，必须要打破系统的瓶颈。将瓶颈理论运用到业务流程优化中可以得到影响业务流程运行速度必然有一个或多个制约因素，因此若要提升运行效率，则必然从瓶颈入手，释放出更多的运行潜力，提升运行速度。

5）"五个服务"内部运营机制构建要求，公司内部打破业务壁垒、优化业务流程，进一步强化市场意识和服务意识，实现业务横向协同、纵向贯通，全面提升客户服务响应速度、服务品质和满意度的要求。

6)"互联网+"理论、业务流程再造理论与流程优化策略。

另外,还包括客户需求调查中得到的客户需求信息以及现状分析中现有业务流程存在的问题等,都是进行业务流程优化根本依据。

6.1.2 优化工具

根据以上依据与理论基础,采用实地调查的方法,应用流程优化策略中的渐进式流程优化模式,根据业务流程再造理论中提出的全局观和创新观,采用 ECRSI 法进行业务流程优化。

ECRSI 分析法即取消(Eliminate)、合并(Combine)、调整顺序(Rearrange)、简化(Simplify)、增加(Increase),简称 ECRSI 法。

首先考虑该项工作有无取消的可能性。如果所研究的工作、工序、操作可以取消而又不影响整体进度,这便是最有效果的改善。

合并就是将两个或两个以上的对象变成一个。如工序或工作的合并、工具的合并等。合并后可以有效地消除重复现象,能取得较显著的效果。当工序之间的生产能力不平衡,出现人浮于事和忙闲不均时,就需要对这些工序进行调整和合并。有些相同的工作完全可以分散在不同的部门去进行,也可以考虑能否都合并在一道工序内。

调整顺序也称为替换。就是通过改变工作程序,使工作的先后顺序重新组合,以达到改善工作的目的。例如,前后工序的对换,平行工序的调换等。经过取消、合并、重组之后,再对该项工作做进一步更深入的分析研究,使现行方法尽量地简化,最大限度地缩短作业时间，提高工作效率。

简化就是一种工序的改善，也是局部范围的省略，整个范围的省略也就是取消。在进行 5W1H 分析［即 5W＋1H：指对选定的项目、工序或操作，都要从原因（何因 Why）、对象（何事 What）、地点（何地 Where）、时间（何时 When）、人员（何人 Who）、方法（何法 How）六个方面提出问题进行思考］的基础上，寻找工序流程的改善方向，构思新的工作方法，以取代现行的工作方法。运用 ECRS 四原则，即取消、合并、重组和简化的原则，可以帮助人们找到更好的效能和更佳的工序方法。

而 ECRSI 法是在 ECRS 四大原则之外还增加了另一个原则"I"，即增加（Increase），意为在现有工序的基础上增加新的工序，来提高产品质量、增加产品功能，或者为后续工作做准备等。

6.1.3 优化目标

从业务流程角度全面响应新时代现代服务体系的要求，做好新型现代服务体系支撑。包括从人员，信息与资源角度对业务流程进行优化以最大效应发挥服务前端"三个经理"作用；落实"五个服务"内部运营机制建设要求；优化各业务流程的响应速度，从而提高企业工作效率，进而实现企业效益的增强；提高业务流程对于客户需求的响应程度以提高客户满意度最终转化为客户忠诚。

6.1.4 优化原则

在业务流程优化过程中应当遵循以下原则：

1）可视性原则：做好信息可视化的支撑工作，各流程中人员配置，流程安排与信息传递等方面都需根据可视化的要求进行优化，同时也要对流程中涉及的系统进行可视化优化与调整。

2）强反馈原则：对业务流程优化时要充分考虑如何配置能最大程度响应客户需求，构建流程中的反馈过程，包括对应人员的设置及其相应职责的明确等相关过程。

3）可操作原则：优化过程中要充分考虑行业特点，用户需求，提出易于操作，学习门槛低的具体业务流程操作内容。

4）可推广原则：业务流程的优化应当具有普适性，在适应供电公司的基础上，构建对于其他公司具有启发作用的新型业务流程。

6.2 业务流程优化方案

对于地市级供电公司而言，主要业务流程包括供电相关业务流程，优质服务类业务流程，能源类业务流程以及智能化用电业务流程四类业务流程，在电力改革的背景下，地市级供电公司各个业务流程都已进行了一定程度的优化与融合，因此，不同业务流程往往包含不同专业与不同层级的人员参与；在国网公司的带领与号召下，省公司与地市级公司也采用了多个系统进行业务管理，导致现行业务流程也包含了多种系统间的信息传递。对于地市级供电公司而言，可采用以下业务流程优化方案来响应"大服务格局"建设的号召。

1. 打破业务壁垒，响应"五个服务"

新时代下，国网公司提出坚持"以人民为中心"的发展思想，贯彻落实"人民电力为人民"的企业宗旨，全力构建协调联动、高效快捷的全员一体化"大服务格局",这对供电企业业务流程优化提出了"打破业务壁垒"的要求,以响应"五个服务"要求,实现跨部门合作,跨专业协同的新型业务运行特点。

目前,地市级供电公司已经推进的供电服务指挥中心已经具备"大服务格局"和"五个服务"的基本特点,但在具体业务流程运行上仍然存在跨业务与跨部门壁垒,这种运行方式会降低流程运行效率和资源利用效率,造成资源浪费,进一步将对客户侧造成负面影响。

因此,打破业务与部门间壁垒,例如在业扩报装业务中,不仅与技术部进行沟通,同时可以将财务部,运检部等相关部门统统纳入业务流程运行过程中,通过线上平台实现快速的跨部门跨业务沟通,在不降低运行效率的情况下最大程度提升服务质量。

2. 强调客户分类,充分响应需求

"大服务格局"的核心在于服务,尽管现行的业务流程中已存在一定体现差异化服务的部分,例如部分业务由大客户经理班实施,在一定程度上体现了差异化服务的特征,但并不能适应"大服务格局"下的以服务为中心的要求,因此要强调客户分类,充分响应不同客户需求,提供针对不同客户的差异化服务。

第5章已经提出针对地市级供电公司的创新组织结构,其中提出市场与客户服务委员会,在市场与客户服务委员会管理分别设置政企客户经理,台区客户经理以及营业厅"电管家"(以下简称"三个经理"),而"三个经理"制度的设置为业务流程的优化提供了组织结构基础。

因此,针对流程优化,应当充分发挥"三个经理"作用,根据一定特点对目标客户进行分类,之后由对应的客户经理来进行客户后续流程的运行与管理,通过不同客户经理来强调针对不同客户的差异化服务,不同客户经理具有针对不同客户的专业知识储备以及经验,由不同客户经理协调各部门工作来最大程度响应客户需求,以保证客户需求得到充分响应。

3. 缩减流程环节,提高运行速度

从目前地市级供电公司客户满意度情况来看(以第3章中选取的供电公司客户调查分析结论为参考),地市级供电公司的客户群体对于地市级供电公司所提供服务的服务时间仍然存在满意度较低的情况。因此为提升客户满意度,应当缩减流程运行时间。

缩减流程运行时间的关键在于简化流程步骤,在进行流程步骤简化时,首先应当将部分权力下放,对于业务流程运行过程中出现的审批环节应当根据业务重要程度将审批权力适当下放;对于现行流程中出现的多个审查环节应当由原来的直线审查制度转变为平行审查,加强对业务流程运行过程的监督与审查,尽量避免流程中某阶段完成后进行审查,甚至多次审查;对于较紧急的业务,应当授权相关工作人员直接进行处理,减少因为走程序浪费的时间导致客户严重不满意;避免流程中出现步骤划分过细的情况,例如将步骤划分至信息上报、信息传递与信息接收等过于详细的层次,应当从对应人员职责的角度出发,将过于详细的步骤合并至前后相关步骤中,缩短流程总环节。通过缩减流程环节,业务流程的运行时间将得到一定程度的提升,反映在客户侧就是客户满意度的提高,最终也提升了各流程对以服务为中心的新型服务体系建设号召的响应程度。

4. 重视反馈环节，改善服务质量

对于客户满意度的提高仅仅从供应侧进行考虑很难对其有全面的认识，从需求侧出发，应当考虑客户的实际需求，根据客户的要求进行优化。

因此，应当在业务流程优化中添加客户反馈环节，积极收集客户反馈消息，从被动收集客户反馈到主动引导客户对相关业务进行反馈。对于客户的反馈不应仅停留在客户意见收集阶段，应当对原流程进行完善，强调客户意见收集之后的分析和处理，对企业内部进行优化以及对客户进行再度反馈。提高对于反馈环节的重视程度，积极拓展反馈途径，优化反馈平台，拓宽反馈涉及范围，引导客户对业务流程进行全方位各环节的评价，并通过合理的激励措施提高客户意愿表达的积极性。

客户反馈环节直接体现了客户对于业务流程的满意程度，反映了服务质量的高低程度，因此，为响应"大服务格局"建设的号召，应当通过提高对反馈环节的重视来改善服务质量，提高客户满意度。

5. 完善系统功能，实现电子办公

随着"互联网+"与各个行业的融合不断深入，国网公司与省电力公司也开发推广了包括"营销sg186系统""els线损系统""计量采集系统""营销稽查系统""95598业务支持系统"等多个业务系统，但对于地市级供电公司而言，业务流程与各系统的融合度不高，跨系统信息调用仍然存在困难；尽管目前各业务运行中通过系统进行业务及信息的传递比例不断增高，但仍然存在线上线下办公不协调的情况发生。

针对以上情况，应当完善各个系统之间的信息传递，促进各业务系统之间信息平滑过渡；推行"无纸化办公"，将各流程中出现报审、审查、接受信息及下发信息等环节转移到系统中进行；完善如"掌上电力"等在线营业厅数据与各业务系统之间信息共享环节，使各相关部门能够及时准确调用各相关数据对客户习惯进行分析，通过大数据等方式对客户需求进行深度挖掘，并在此基础上优化各业务流程，提高服务质量，实现客户满意度的提升。

6. 推进实时跟踪，缩减响应时间

信息时代的发展在对客户提供便捷的同时也提高了客户对于服务质量的要求，对于供电企业而言，客户对于其的服务质量的评价包括工作质量、响应速度、服务态度等，传统的业务流程在响应速度上不能直接反映给客户，由于双方信息不对称，最终导致的结果就是客户满意度的下降，工作人员工作热情下降等负面影响。

针对业务流程不透明的情况，目前国网公司和省级电力公司在线上平台"掌上电力"已经有一定程度的实时体现，可以实现用电申请与报修的业务记录实施体现，但目前的实现程度较低，仅支持极少节点的跟踪；对于内部管理而言，目前也存在业务运行出现问题时的扯皮现象。

针对上述情况，开发实时跟踪模块，定位业务运行节点，使客户能够实时掌握业务运行情况；在后台同时开发实时跟踪模块，定位到环节，确定每一环节的对应人员，处理时间，处理事项等内容；对流程进行全程监督，降低员工消极怠工的可能性。实时跟踪可以极大程度降低部分环节员工出现消极怠工的可能性，并且全过程可见将缩减各个环节之间的缓冲时间，各环节紧密相连，最终实现运行时间的压缩。

7. 推广主动服务，挖掘客户潜力

传统的电力行业服务方式为被动地提供服务，在客户提出服务需求之后才进行服务，但随着信息化的推进，服务种类的多样化发展，服务要求的提高，对传统的被动服务而言，并不能更进一步提高客户满意度；从企业利益角度出发，被动的服务方式忽略了潜在的盈利可能，从企业长远发展来看，被动服务不利于客户满意度的提高以及进一步的盈利。

因此，转型原本的被动服务，在客户需求产生之前，引导客户提前办理，如低电量预警，设备更换提示，服务到期提醒等，其中部分服务目前已在实施中，但仍需进一步完善，如主动提供服务，对相关工作人员进行培训，使其具有直接处理部门故障，办理业务的能力；通过例如大数据等手段对客户进行分析，确定其潜在需求，并主动联系客户提供服务，挖掘客户潜力，最终实现客户满意度的提高，并且促进企业盈利的增长。

6.3 业务流程优化应用

在已经具备地市公司业务流程优化的原则与方法的基础上，本节以陕西省某地市级供电公司为样本，抽取供电公司包括业扩报装管理流程、95598故障报修管理流程、95598客户投诉管理流程、缴费方式业务流程优化在内的四个典型流程为例进行流程优化，并对各流程优化效果进行分析，以该供电公司为例分析地市级供电公司流程优化的方法与效果。

6.3.1 业扩报装管理流程

1. 流程优化详细说明

本流程将原有的 220kV 及以上业扩报装管理流程、110kV 及以上业扩报装管理流程、35kV 业扩报装管理流程、10kV 业扩报装管理流程、低压业扩报装管理流程等五个流程综合优化后提出的新业务流程。优化后的业扩报装管理流程与该流程优化说明如图 6-1 所示（见书后插页）。

2. 关键业务确定与优化说明

本流程的关键步骤在于过程 2 判断业务类型，过程 3 接受业扩工单并编制进度计划（高压业扩业务），过程 4 接受业扩工单并编制进度计划（低压业扩业务）。该流程将供电公司目前的业务划分为高压业扩业务和低压业扩业务，之后进行进度计划编制，现场勘查，方案制定、审批，业扩设计审查，资质审查，业扩项目施工，竣工验收，业扩计量布置以及业扩实施。

经过对该流程的分析，在业扩需求提出之后，需要对业扩申请进行受理和资料审核，之后进入客户信息前期管理流程，在这个阶段，由于并不涉及差异化服务，且为初期阶段，所有客户的信息都进行受理，但在之后需要对业务类型进行判断，否则无法确定进行哪个流程，也无法明确该流程应当由哪些人进行处理，为了简化后续过程的进行，所以在该流程中添加了过程 2 判断业务类型并且该过程是直接确定应当如何进行后续过程的关键过程。在明确了业务类型之后，进入了业扩业务的详细过程，但若直接进入查勘现场，之后进行其他过程的运行会严重降低该流程的运行效率，由于没有合理的计划和组织，过程间的传递没有准备和预先准备，容易造成大量时间浪费在过程与过程的对接，因此需要编制之后所有过程的进度计划来引导该过程的顺利进行。

因此，在关键过程优化中，对于该流程，重新安排业务流程，并添加了过程2判断业务类型，由市级供电公司调度不供电指挥中心总调度负责；将原过程3优化为现过程3接收业扩工单并编制进度计划（高压业扩业务），由市级供电公司县公司和县级供电公司各类客户经理负责；将原本多个业扩流程融合后添加了过程4接收业扩工单并编制进度计划（低压业扩业务），由市级供电公司和县级供电公司各类客户经理负责。

3. 优化效果分析

该流程的优化是在原流程的基础上，总结多个流程类似性，综合多个流程，形成该流程，在具体的过程上，进行了过程的简化，并对人员进行了综合统一布置。极大简化了原有的业扩报装流程，缩短了流程运行时间，并避免了多个类似流程造成的资源浪费；提高人员利用效率，减少无效或低效人员配置效率，且减少信息的转手与传递，既提高了信息的传递效率也避免了信息失真与扭曲现象的发生，同时又有利于进行业务监督及问责制度；整体流程的简化，构建了以客户服务为中心的新型流程，极大地提高客户对于服务的满意度，有利于提高流程运行的效率。

6.3.2　95598故障报修管理流程

1. 流程优化详细说明

优化后的95598故障报修管理流程与该流程优化说明如图6-2所示。

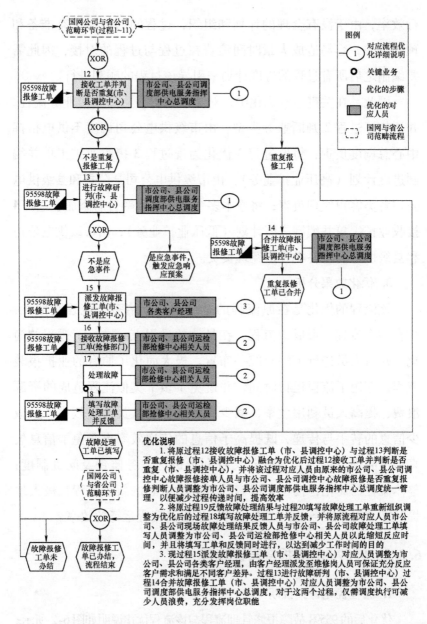

图 6-2 优化后的 95598 故障报修管理流程与该流程优化说明

2. 关键业务确定与优化说明

本流程关键过程为过程 17 处理故障。该流程包括国网公司接受 95598 故障报修需求，判断是否重复以及事件性质之后派发至国网客服中心直接处理或省级供电公司，省级供电公司进行接受、判断之后派发至市级供电公司，市级供电公司在接受、判断工单之后进行派发，执行故障处理并进行反馈，之后由国网公司进行回复、归档等工作。

经过对该流程的分析，当市级供电公司将工单派发至运检部执行人员处后，需要对故障进行处理，该过程为故障报修流程中的核心过程，它直接决定着该流程能否充分满足客户需求。并且该过程不仅需要要求时间满足要求，还有一定的技术要求，能够使故障处理按时保证质量完成。

因此，在关键流程优化中，将过程 17 处理故障的对应人员调整为市公司、县公司运检部抢修中心相关人员。

3. 优化效果分析

该流程的优化涉及流程的融合与重新配置，人员优化等多方面内容。减少了流程的运行过程，缩减流程运行时间，提高流程的运行效率；对 95598 的线下支撑，提升了线上运行效率和服务质量；反馈机制使客户能够掌握运行情况并使流程运行紧密贴合客户需求，大幅提高客户满意度，最终实现流程效率提高，进而提升企业效益。

6.3.3　95598 客户投诉管理流程

1. 流程优化详细说明

优化后的 95598 客户投诉管理流程与该流程优化说明如图 6-3 所示。

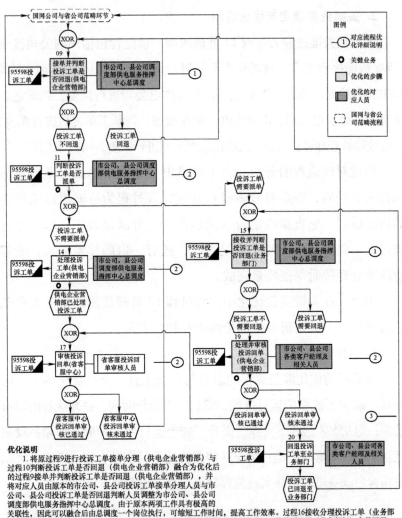

图 6-3 优化后的 95598 客户投诉管理流程与该流程优化说明

优化说明

1. 将原过程 9 进行投诉工单接单分理（供电企业营销部）与过程 10 判断投诉工单是否回退（供电企业营销部）融合为优化后的过程 9 接单并判断投诉工单是否回退（供电企业营销部），并对应人员由原本的市公司、县公司投诉工单接单分理人员与市公司、县公司投诉工单是否回退判断人员调整为市公司、县公司调度部供电服务指挥中心总调度。由于原本两项工作具有极高的关联性，因此可以融合后由总调度一个岗位执行，可缩短工作时间，提高工作效率。过程 16 接分理投诉工单（业务部门）与过程 17 判断投诉工单是否回退（业务部门）优化为过程 15 接收并判断投诉工单是否回退（业务部门）亦是同理。

2. 将原过程 21 处理投诉工单（业务部门）与原过程 22 处理投诉工单（业务部门）融合为优化后的过程 19 处理并审核投诉回单（供电企业营销部），并将对应人员由原来的市公司、县公司业务部门投诉工单处理人员及市公司、县公司投诉回单审核人员调整为市公司、县公司各类客户经理及相关人员，由于原本的岗位设置并不能体现出客户需求且过于繁琐，因此做出这样的优化，由客户经理负责可以对客户负责，已该流程为客户投诉管理流程，因此在处理投诉时由客户经理及相关人员负责可以极大程度提高客户满意度。同理，也对优化后的过程 14 处理投诉工单（供电企业营销部）也做出了相应调整

3. 过程 20 回退投诉工单至业务部门，由于处理等流程都由客户经理及相关人员负责，因此该步骤对应岗位也应当有其负责，以此减少信息转手次数，提高工作效率，并且由客户经理牵头负责可以最大程度提高客户满意度

2. 关键业务确定与优化说明

本流程关键过程为过程11判断是否派单，过程14处理业务咨询工单（供电企业营销部）与过程19处理业务咨询工单（业务部门）。该流程主要包括95598客户投诉受理，并由国网公司进行判断是否通过之后派单至省级供电公司，再由省级供电公司进行派单，决定回退还是派发到市级供电公司。对于市级供电公司而言，接受工单进行分析判断之后派发工单，进行业务执行，并派发回单或进行工单回退至省级供电公司，再由省级供电公司派发回单或回退至国网公司，最后由95598对客户进行回复。

经过对该流程的分析，当省级供电公司将工单派发至地市级供电公司后，地市级供电公司首先进行工单受理并判断工单是否回退，但这些过程仅仅是从该工单是否已经产生、该工单是否已经完成以及该工单是否属于本层面的工单进行判断，在判断完成之后，仅能确定工单是否属于该层次以及工单是否重复等问题。针对这种情况，工单是否派单就显得尤为重要，它是从技术可行性上进行考虑该工单是否要进行派发以及该工单需要如何处理。在判定工单是否派单之后，无论是要到达现场进行处理还是在公司层面进行处理，工单处理都是解决该工单的关键过程，它是客户需求的实现环节，决定着客户的工单是否得到满足。并且该过程还强调反馈环节，工单的完成需向上一级别反馈，最终将结果反馈至客户端，以此完成本流程的运行。

因此，在关键过程优化中，将过程11判断是否派单的对应人员调整为市级供电公司、县级供电公司调度部供电服务指挥中心总调度；将过程14处理业务咨询工单（供电企业营销部）与过程

19 处理业务咨询工单（业务部门）的对应人员在原本基础上添加各类客户经理。

3. 优化效果分析

客户投诉管理是直接影响客户满意度的流程，客户投诉的响应速度与处理质量都至关重要，因此该流程的优化涉及流程的融合与重新配置，人员优化等多方面内容。减少了流程的运行步骤，缩减流程运行时间，提高流程的运行效率；在人员配置上将原本各步骤的对应人员进行融合和调整，人员职责进行统一，从而缩减各过程间信息传递的时间，并提高不同过程间的传递效率；客户经理的辅助，提高了流程对于客户需求的响应程度，从而提高客户对于流程的满意度；对95598的线下支撑，提升了线上投诉响应效率和服务质量；反馈机制使客户能够掌握客户投诉解决情况，大幅提高客户满意度，并完善整个企业中相对应业务的优化，完善全局组织结构与业务流程配置，最终实现企业运行效率的提升。

6.3.4 交费方式业务流程优化

1. 流程优化详细说明

优化后的交费方式业务流程与该流程优化说明如图6-4所示。

2. 关键业务确定与优化说明

本流程的关键过程在于过程1起草电费结算协议。该流程仅包含三个过程，起草电费结算协议，审核电费结算协议与确定电费交费方式。

第 6 章 地市级供电公司电力服务流程优化

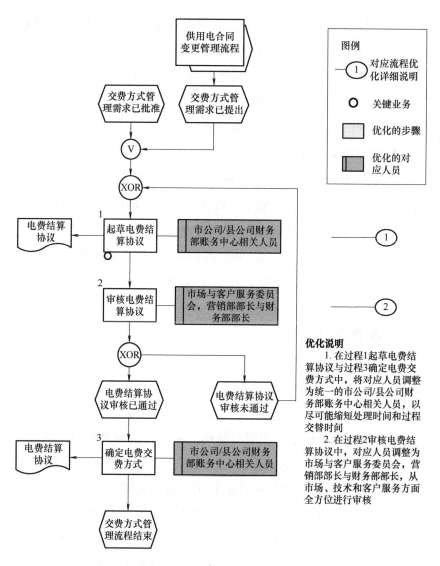

图 6-4 优化后的交费方式业务流程与该流程优化说明

对该流程而言，过程 2 与过程 3 皆为第一步之后的后续过程，建立在过程 1 的基础之上，并且起草电费结算协议直接影响着电费结算的方式，运行方式等细节，该过程的确定也将直接决定后续过程如何进行，以及该流程是否能够满足需求。

因此，在关键过程优化中，将过程 1 起草电费结算协议调整为市公司营销部客户服务中心相关人员。

3. 优化效果分析

该流程的优化集中在人员调整上，通过调整各过程对应人员对业务流程进行优化，将原本各过程的对应人员进行融合和调整，人员职责进行统一，从而缩减各过程间信息传递的时间，并提高不同过程间的传递效率；客户经理的辅助，提高了流程对于客户需求的响应程度，从而提高客户对于流程的满意度。

6.4 本章小结

本章在相关理论研究与客户满意度调查的基础上，根据第 4 章提出的供电公司变更支撑建设思路、框架和第 5 章提出的基于"大服务格局"下供电公司组织结构，响应"大服务格局"要求，落实"五个服务"内部运营机制构建号召，针对供电公司业务流程进行了全方位的优化包括供电相关业务流程优化，优质服务类流程优化，能源类业务流程优化与智能化用电业务流程优化，对各类业务流程进行了人员精简与集中，缩减各流程运行过程，针对不同客户进行了业务流程的优化使其能够提供高质量的差异化服务。本章也为保障措施的优化提供了操作基础。

第 7 章

地市级供电公司电力创新服务体系实施保障机制及实施措施

在服务体系建设要求下，本章根据服务体系的四部分内容进行优化，在第 4~6 章提出的对应地市级供电公司的建设思路、优化后的地市级供电公司组织结构以及根据理论与实际情况基于前两者优化后的服务流程，尽管保障措施同建设思路、组织结构与服务流程三者同属于服务体系内容，但保障措施需要在前三者的基础之上进行编制，因此本章采用理论分析、专家访谈与对国网 A 公司进行标杆研究，通过多次与专家的头脑风暴和大量的资料查阅，提出了以下创新服务体系的实施保障机制和措施。

7.1 供电公司电力创新服务体系实施保障机制

7.1.1 组织保障机制

成立市场与客户服务委员会，由相关领导及各类客户经理组成，贯彻"一把手原则"，并在营销部门及调度部设置办公室，在运检部、技术部、财务部及人资部设置兼职办公室，主要职责为对各流程具体过程进行具体监督和实施，以"大服务"为格局，贯彻"服务为原则"，监督指导各流程运行中对客户需求的体现和响应，并通过客户经理实时对客户需求做出反应，构建客户需求档案，为后续工作提供客户信息。另外，通过各类客户经理，来促进跨部门合作，跨专业协同，通过客户经理调动各部门来保证流程的正常运行。

响应"管办分离"原则，对营销部中管理职能部门与业务执行部门进行分离，将原本属于管理职能部门的"农电工作部""客户服务中心"从营销部中分离，将其融合与市场与客户服务委员会中，为大服务体系流程优化提供组织机构保障。

7.1.2 技术保障机制

1. 信息化办公平台的建设、完善及推广

（1）已有平台的完善及推广

目前已存在的信息系统包括"营销 sg186 系统""els 线损系统""计量采集系统""营销稽查系统""95598 业务支持系统"等多个业务系统，对已存在的信息系统进行整合及跨系统调用，推广办公信息化，对基层业务同样采用信息化办公，加强信息系统监督及协同职能建设，并对已存在系统进行公司内部推广，增强已有信息系统实用性，提高已有信息系统利用率[52]。

（2）新型信息化办公平台建设

建设新型信息化办公平台，实现办公"平台化"、流程"可视化"、组织"透明化"。将各流程运行过程在办公平台中实时体现,实时定位流程运行阶段及人员;领导通过平台实时进行监督,对流程运行问题实时定位[53];对流程运行中信息的流通实时定位及纠偏,对各职能部门任务通过平台分布,对工作完成情况实现全程监督,工作进度进行实时调控,以此提高响应速度、工作效率及服务质量。

2. 线上线下一体化平台建设

(1) 线上营业厅

优化现有的线上营业厅运营方式,做到"可视化""实时化"及"全能化"。

"可视化",即对现有线上营业厅做到客户服务过程可视化,对客户提供线上营业厅流程运营全过程可视化建设,客户可清楚掌握流程运行进度和人员操作情况。

"实时化",即建设好线上营业厅与办公平台的对接,将流程运行信息反映在线上营业厅平台上,为客户提供实时定位服务,实时反应流程运行情况及位置。

"全能化",即健全先有线上营业厅功能建设、扩大平台功能、优化各功能流程、拓宽线上营业厅支持业务领域,实现"全能"型线上营业厅转型[54]。

具体的功能建设包括以下内容:

1) 用电账单查询。为客户提供电量、电费、阶梯用电明细等最新账单、历史账单、电费余额查询服务,让客户实时掌握用电情况。

2) 缴费记录查询。为客户提供历次交费方式、交费金额、交费积分等信息查询服务,通过积分奖励引导客户采用电子化缴费渠道。

3）缴费积分查询。为客户提供各种缴费方式积分奖励标准、积分奖励记录、积分兑换记录、剩余积分总额等信息查询服务。并采用网上营业厅进行积分管理，方便客户兑换奖品。

4）缴费方式查询。以文字、图片、动漫等方式为客户提供各类缴费方式功能介绍，并针对每类缴费方式适用人群进行推介，满足客户多样化交费服务需求。

5）缴费网点查询。以列表、地图等方式为客户提供供电营业厅、银行、第三方代收网点的地理位置、营业时间、联系电话查询等服务，并提供缴费网点的定位、导航服务功能。

6）在线缴费服务。开通电 e 宝、银联全民付、微信等在线缴费功能，为客户提供多样化在线缴费服务。

7）远程复电服务。对于欠费停电客户，当客户已结清欠费，通过欠费停电状态判断，为客户提供远程自助复电服务，提高复电效率，减少现场复电工作量。

8）业扩报装受理。为客户提供业扩新装、增容申请在线受理服务，包括用电须知、用电需求、联系信息、证件上传、位置信息上传、现场服务时间预约等功能。

9）变更用电受理。为客户提供减容、暂停、改类、更名、过户申请等日常用电业务在线受理服务，包括用电须知、客户信息、业务类型、申请内容、证件上传、现场服务时间预约等功能。

10）业务进度查询。为客户提供新装增容、变更用电业务办理进度查询服务，客户可在线查询业务进展情况、所在环节、办理时限等信息，并可对服务质量进行在线评价。

11）换表记录查询。为客户提供电能表更换记录查询服务，主要包括换表时间、新旧电能表资产号、起止码等信息。客户既可以在网上营业厅输入户号查询，也可以扫描换表通知单上的二维码查询。

12）校验申请受理。为客户提供电能表校验申请在线受理功能，包括电能表校验须知、客户信息、计量异常说明、电能表照片上传、预约服务时间等功能。

13）校验结果查询。为客户提供电能表校验进度、校验结果在线查询功能，包括电能表校验环境、计量参数误差等信息。

14）居民分时测算服务。让客户自助录入峰谷时段用电能量，测算执行分时电价的电费总额，与正常用电的电费总额进行比对，指导居民客户自主选择是否执行分时电价。

15）家用电器损坏赔偿服务。与供电企业投保的保险公司合作，为客户提供家用电器损坏赔偿在线受理服务。客户通过录入客户信息、损坏家用电器信息、家用电器损坏原因及有关照片，直接由保险公司受理客户赔偿申请，完成理赔工作。

（2）线下相关支撑

1）线下营业厅转型。实行实体营业厅转型，对实体营业厅工作人员进行线上营业厅平台培训，使线下营业厅人员充分掌握线上营业厅功能及使用方法，将各类业务的办理转移到"95598"及线上营业厅，线下营业厅转型为"电保姆"，仅提供受理客户咨询、产品推广、渠道拓展及新能源业务宣传业务。

2）各类客户经理职责。对于政企客户及台区客户经理，积极响应客户需求，做到与客户日常联络、市场拓宽、业务执行、部门协调等工作，做好线上平台功能的线下支撑。

7.1.3 管理保障机制

1. 负责人职责安排

明确相关部门领导及负责人职责，并将各流程中服务质量纳入相关负责人业绩考核范畴内，各负责人不仅需对流程中直接涉及自身职责的过程直接负责，还需对整个流程中其他岗位对应过程运行情况进行在线监督，并对流程中出现的服务问题进行直接干预与协调，重大方案需由相关负责人亲自审核。

2. 考核机制

建立完善的短期考核机制，基于信息化办公平台，可视化流程实施过程，建立可量化的考核机制，可实行打分机制，建立合理的评分标准，对于流程运行过程中出现的问题制定相应的扣分规定，并对表现优秀的员工、岗位及流程进行加分，做到考核标准化，并对之后的奖惩制度提供合理的理论基础。

推行长期考核机制，对于持续时间较长的流程进行长短期结合的考核机制，并推行售后考核，强调服务质量的重要性，同样采取打分制度，对于长期服务过程中出现问题的员工、岗位或流程进行扣分，对表现优秀、客户满意度高的流程进行加分。

建立最终得分评价标准体系，经过分数评价得出考核结果，最终形成完整的考核机制。

3. 监督机制

建立健全监督机制，由各部门领导及市场与客户服务委员会相关领导负责，通过信息化办公平台实现流程运行实时监督，对于重点流程、重点过程进行重点监督，对人员工作情况及效率进行在线监督，并搭配相关奖惩制度施行。

建立客户监督机制，在完善网上营业厅的基础上，为客户提供举报和反馈平台，并鼓励客户积极进行响应与反馈，鼓励客户通过在线平台对流程运行情况实时监督，并积极处理客户反馈及举报。

7.1.4 制度保障机制

1. 工作制度保障

明确各流程的具体实施过程，确定各过程对应岗位，在此基础上从保证效率及质量管理的基础上进行各项流程工作具体制度的制定，理顺流程中各过程关系及各岗位和部门之间关系，并对其进行标准化规定。

2. 人力资源制度保障

1）充分发挥岗位职能。对各流程中人员配置进行集成与优化，对于各个流程，强调"少换人，多职能"及"一岗多能"，将实施层面的具体过程尽可能分配给固定岗位或转手次数少的岗位安排，以此来激发员工潜力，并减少流程中过程推进时人员转手时间。

2）跨部门人员协调。降低部门间人员调动壁垒，允许各部门之间调用，对于"1+N"大服务、大后台格局而言，需要跨部门合作、跨专业协调，因此不同部门与专业间的人员调动需提供更便捷的运作方式。

3）权力下放。推动组织结构扁平化，将地市公司中部分审核、审批及人员调动权力下放至各类客户经理及各部门中相关人员，使各客户经理有权调动各个部门人员，充分实现协调化工作；并且权力下放至基层，减少部分过程运行时间、提升流程及组织结构运行效率。

3. 服务标准制度保障

构建标准化服务制度，对各部门各下属部门进行纵向标准化服务制度建设，针对不同部门，不同岗位编制"统一化的差异性标准"，对于不同部门中不同岗位进行差异化标准建设，在保证全部门统一化的基础上尽可能体现各部门之间差异，使标准更具灵活性。

同时进行各流程在各部门间的横向标准化服务制度建设，针对流程中各个过程对应岗位实行"差异化的统一标准"，各个过程需要跨部门的合作，因此，对于不同部门需要实行差异化标准制定，但由于核心是为了制定流程的服务标准，所以需要在满足差异化的基础上实现统一化标准建设。

4. 奖惩制度保障

结合监督机制与考核机制，建立完善的奖惩机制，在流程实施过程可视化的基础上，实时监督流程运行情况，对流程中出现问题的部分实时定位，管理人员要迅速联系相关人员解决问题，在流程运行完毕之后，实行问责制度，对导致流程卡顿、拖延及终止的情况，需联系相关人员及其直属领导，进行惩处，如罚款或记过等。

对于提前完成流程运行过程的相关部门及人员，应当予以适当的表扬及奖励。

对于奖惩权力也应当下放,增强相关制度的激励性及震慑性,从而促进流程的顺利实施,并提升运行效率及服务质量。

7.2 供电公司电力创新服务体系实施措施

7.2.1 利益相关者层面

电网企业提供输送电力的通道,售电公司要实现电力的购销,必然依赖电网企业的物理性服务,与电网企业如何相处成为必须考虑的问题。首要问题是处理好电力输送通道的提供方与使用方的关系,确定电力输送中各方权利与义务之间的关系、协调电力用户的服务需求与诉求,甚至供电事故的责任承担以及责任主体与责任追究机制。再就是考虑电网企业是否参与竞争性售电业务。一旦电网企业参与竞争性售电业务,售电公司的各民营售电公司必将面临激烈的竞争,致使发挥空间有限。因此,电网企业参与竞争性售电,处理好竞争与合作之间的关系就显得非常必要。

电力企业、售电公司与政府之间,首先是监管与被监管之间的关系。9号文提出要"进一步强化政府监管"。想到未来电力市场的众多主体、诸多新型业务,这些都离不开政府的监管——市场规则需要制定、市场秩序需要监管,均离不开政府监管。除此之外,电力企业、售电公司还尝试与政府的合作模式。可以利用政府提供的项目和优惠政策迅速扩大经营——如果离开政府的支撑必然受到很大阻力。同时,电力企业的市场定位,电力企业必将成为电力大数据的占有者、管理者，利用服务获得的电力消费数据实现与政府管理部门的信息共享与分享机制，这将有利于加强政府部门对电力市场的信息掌握，更好地提升管理水平。

7.2.2 营销职能管理层面

强化决策层对市场发展与客户服务的规划引领、资源调配和协调评价；推行营销职能管理与业务执行分离，强化营销服务职能管理，强化政企大客户服务和综合能源服务能力；组建城区营配合一供电机构，提升城区网格化综合服务能力。

1. 市场与客户服务委员会

设立地市公司市场与客户服务委员会。强化服务战略引领、资源调配以及跨专业、跨部门服务重大事项的协调，推进公司市场战略和重大服务举措的落实，建立季度分析例会、重点工作督办考核、快速响应、调研检查、上下联动、工作通报等制度和机制，协调解决"五个服务"内部运营机制落地、客户关注的问题及供电服务突出问题，保障全员一体化"大服务"新格局高效运作。委员会下设办公室负责日常事务，办公室设在地市公司营销服务职能部门。在规划、建设、调度、运检等部门增设专（兼）职供电服务管理岗位，负责本专业服务质量管控。

2. 大客户服务中心

体现差异性服务，组建地市公司大客户服务中心，作为地市公司二级机构，承担对接服务属地政府和政企大客户职责。具体负责地市公司10kV专线及以上客户（含趸售）、小水电、分布式电源、售电公司的日常服务工作，"一站式"办理10kV专线及以上客户业扩报装。大客户服务中心经理处于该组织的核心位置，随时负责协调、受理、监管等服务。大客户服务中心定期对所管理区域大客户市场进行回访调查，结合大数据进行有效预测，及时处理解答大客户提出的诉求，更新上传大客户资料和身份确认信息。

组建地市公司营销业务运营中心，作为地市公司二级机构，承担电费、计量等集约化业务和地市法定授权计量机构职责，负责市县级供电公司所有客户电费集中核算与账务集中管理、计量检测检验与资产管理、营销信息数据分析与业务质量管控等集约化业务。

地市公司可结合实际，将大客户服务中心与营销业务运营中心合并为客户服务中心，内设综合室、大客户服务室和业务运营室。

3. 供电服务指挥中心

组建供电服务指挥中心（配网调控中心），作为地市公司二级机构，接受运检、客户服务、调度部门的专业管理，是供电服务和配电运营指挥机构。负责配网调度控制、配电运营管控、客户服务指挥和服务质量分析管控，对外负责95598、电子渠道、12398、市政公共服务热线等途径的客户诉求归集沟通、服务信息发布，对内开展业扩报装全流程跟踪监督，强化"五个服务"运营分析管控，指挥大后台资源支撑前端，充分发挥指挥中心连接前端与大后台的枢纽作用，并对服务过程、服务质量开展分析管控，提出业务改进建议，提升客户诉求快速响应与处理能力。

7.2.3 业务执行层面

1. 业务受理

由营业班统一受理,按照不同业务类型进行分类流转。营销类业务由对应的营销专业班组提供答复内容,运检类业务由对应的运检专业班组提供答复内容,最后由营业班统一答复客户。

2. 业扩报装

1)低压报装:营业班统一受理后,由低压供电服务班负责为客户完成装表接电,低压配电运检班负责配合完成低压计量表箱前的0.4kV线路敷设。

2)高压报装:营业班统一受理后,容量在500kV·A及以下的10kV客户由所辖区域内客户服务分中心下属的政企客户服务班负责办理,配电运维中心下属的高压配电运检班联合勘查,共同负责高压客户业扩报装全过程管理。

3. 投诉等非抢修工单处理

非抢修工单均由供电服务指挥中心统一派发;营销类非抢修工单派发至各客户服务分中心;运检类非抢修工单派发至运检部,再由运检部转派至各配电运维中心。

4. 计量故障处理

低压供电服务班负责0.4kV低压表计故障处理及电费追补、政企客户服务班负责10kV高压表计故障处理及电费追补、低压配电运检班负责8小时以外的表计故障处理及应急复电。

5. 故障抢修

1)95598派单:客户侧故障按照高低压等级分别派发至政企

客户服务班和低压供电服务班处理；线路侧故障工单统一派发至低压配电运检班，低压线路故障由低压配电运检班处理，高压线路故障由低压配电运检班将工单转派至高压配电运检班处理；计量故障处理按照高低压等级分别派发至政企客户服务班和低压供电服务班处理，8小时工作以外的计量故障由低压配电运检班处理。

2）高压故障抢修：线路侧故障由高压配电运检班处理；客户侧故障由政企客户服务班牵头协调，高压配电运检班配合处理。

3）低压故障抢修：以计量表箱为分界点，表计（表箱）故障由低压供电服务班负责处理；表前故障及8小时以外的低压故障、应急复电均由低压配电运检班负责处理。

6. 业扩办电

深化"136"服务举措落地。落实优化营商环境要求，实行接电限时制，精简流程环节，压缩办电时间，明确业扩工程投资界面，公开电网资源可开放容量和负面清单，提高低压接入电网容量限额，全面构建环节少、时间短、费用低、服务优的办电服务新模式。

强化配网建设投资力度。加快配网升级改造、资源开放与信息共享，落实投资界面延伸要求，快速响应政企大客户以及工业园区新增用电需求，全面提升配网支撑能力。

7. 电能替代

构建新型电能替代工作体系。常态化开展市场调查和客户价值研究，探索灵活的产品价格与服务策略，建设多元化市场营销渠道，推进产品、价格、渠道和推广全流程管理，实现电能替代常态化、制度化。

组建专业化研发团队。整合公司系统内外部资源，依托省级支撑机构，组建居民家庭电气化 B2C 和政企客户电能替代 B2B 服务产品研发团队，完善工作流程、保障体系和激励考核机制，加强前端推广和后台研发两个团队建设。

推进电能替代深度应用，全面推广家庭电采暖、电厨炊、蓄热储能保电采暖、地源热泵、电锅炉等技术应用，深入挖掘政企客户电能替代需求，拓展全电景区、专业车辆电动化等新兴市场，持续提升终端能源消费市场电能占比。

8. 市场化服务

高效响应增量配电试点。积极研究控股及受委托运营混合所有制服务模式，落实宜控则控、宜参则参、宜放则放的要求，公平灵活地参与增量配电项目竞争，推动增量配电项目试点规范落地。

9. 补抄催费开票

1）补抄：政企客户服务班、低压供电服务班和供电所分别负责所辖客户周期性核抄以及自动抄表失败客户的补抄工作。

2）催费：政企客户服务班、低压供电服务班和供电所分别负责所辖客户电费催收工作，保证电费及时足额收取。

高压配电运检班负责配合所辖高压客户欠费停复电的现场实施，低压配电运检班负责所辖客户远程复电失败的应急复电工作。

3）开票：营业班负责客户电费票据的开具工作。

10. 降损工作

营业班负责新建用户的建档和台户电源点对应关系的正确关

联和用户台户关系的修改；政企客户服务班负责高压客户线损管理工作；低压供电服务班和供电所负责台区线损管理，对线损不合格台区窃电和违约用电分析排查和治理。

高压配电运检班负责配合所辖高压客户停复电的现场实施，低压配电运检班负责配合所辖客户停复电工作。

11. 业务变更

营业班负责统一受理，政企客户服务班和低压用电检查班负责现场踏勘及审核客户申请变更内容是否符合国家政策，重新签订供用电合同，完成客户申请业务流程的推进及归档，确保客户电费正常结算。

12. 违约查处

政企客户服务班、低压用电检查班和供电所负责各自辖区内客户违约、窃电的查处，并对违约、窃电负荷进行统计，完成客户电费及违约金的追缴及系统流程的推进。

高压配电运检班负责配合所辖高压客户违约用电的停复电的现场实施，低压配电运检班负责配合所辖客户违约用电停复电工作。

13. 农网改造项目落地

高压配电运检班和供电所负责配合提报农网改造项目需求，进行项目执行管理，协助项目转资、审计。

7.2.4 优质服务层面

优质服务是供电企业的生命线，要做到：紧紧围绕扩大内需，促进地方经济发展，积极配合政府做好相关服务；创新服务举措，打造特色供电服务品牌,大力弘扬企业服务理念,塑造服务新形象;增强社会亲和力,全面推行"零距离、全天候、保姆式、超常规、一站式、亲情式"供电服务举措。

1. 积极创建优质、高效、廉洁的电力服务环境

为了更好地服务经济发展、保障重大项目用电需求,公司窗口单位均实行无休息日和无午休制度,客服中心开通24小时值班电话——95598,营业人员随时接受用电申请和服务要求。严格执行"首问负责制"和"一次性告知制",推广客户经理服务制度,落实"一口对外、内转外不转"的服务原则,各营业窗口全面受理"业扩变更、查询咨询、投诉建议、报修缴费"等业务。采取了"一站式"服务,改变了过去由多个部门、多人串联完成各项工作的方式,避免了客户"多头跑""长时等"的麻烦,优化了工作流程,减少了中间环节,大大提高了工作效率;为保障城乡居民的可靠用电,保证不间断报修,公司积极兑现服务承诺,进一步提高受理故障抢修反应速度,提高故障修复效率,强化抢修到达现场承诺时限的考核;哪里出现故障,抢修人员确保第一时间赶赴现场,及时恢复用户的正常用电,实行全天候供电服务。

2. 开展主题实践活动

组织开展社区志愿者服务和谐行动,与用户客户零接触,面对面交流和沟通,倾听来自用电客户的呼声,开展文明共建、服务和谐社会建设。组织青年团员和电力爱心志愿者进入社区、学校、厂矿、农村等地义务宣传用电常识和安全节约用电知识,提供电力政策法规、用电业务咨询等服务,帮助客户解决用电中遇到的困难,真正做到零距离服务。

3. 积极推行便民服务

1）针对客户提出的缴费难的问题，公司积极采取措施，拓宽缴费渠道，特别是利用第三方或网上缴费渠道，方便客户交费，做到足不出门、方便快捷缴费。

2）推行同城异地缴费服务，客户持有缴费卡，在全市各个供电所都可缴纳电费，改变了以前属地管理时期，用户只能在自己居住地所在区域的供电所缴纳电费的方式。对用电客户在首月非恶意欠费的情况，尽量采取通过与客户耐心做工作催缴的方式，来保证电费收取，而不轻易采取停电催费措施，公司采取与电信部门合作，对欠费用电客户通过短信方式进行友情提醒。

4. 召开重点企业客户座谈会

诚恳邀请重点企业客户代表对供电公司在电力工作管理、供电服务各环节多提宝贵意见和建议，以利于促进公司提升服务质量和服务水平。进一步加深供电企业和广大电力客户之间的理解、信任与支持；在会上对客户提出的用电问题进行现场解释和答复，对不能现场解决的问题，及时反馈回访，做到"事事有回音，件件有着落"。

5. 加大培训力度

进一步落实社会服务承诺，加大对窗口单位优质服务工作情况的监督力度，不断提高优质服务水平，实事求是地解决客户用电过程中的困难和问题，达到规范的服务形象和服务行为标准。提高职工自身素质，达到工作秩序井然，对客户热情耐心，提高优质服务水平，建立监督机制，对客户的意见、建议、投诉进行详细记录并及时回访，对反馈的客户建议和意见进行分类统计，定期研究服务工作中存在的问题，找出原因，提前预防类似问题的再次发生。

6. 认真执行全天 24 小时值班制度

"95598"服务电话具备受理客户业务咨询、信息查询、投诉举报和电力故障报修等功能。所有故障报修均通过 95598 统一热线指挥，提供 24 小时电力故障报修服务，到达故障现场时要严格按照十项承诺开展工作，供电设施计划检修停电在 7 日内向社会公告。电力故障报修电话实行闭环管理首问负责制，并对各供电所实行抢修流程考核制度。

7.2.5 智能用电层面

1. 增量配售电

1）超前规划布局增量配电网。深入研究增量配电投资业务放开与市场竞争，主动收集市场需求，适应能源消费、增量配电网放开、分布式电源、光伏扶贫等新形势新要求，构建市场需求快速传导、高效协同的响应机制，超前开展配电网规划、建设和改造，争取增量配售电市场竞争主动。

2）高效响应增量配电试点项目建设。积极研究控股及受委托运营混合所有制服务模式，落实宜控则控、宜参则参、宜放则放要求，公平灵活地参与增量配电项目竞争，推动增量配电项目试点规范落地。

3）完善市场化交易服务。适应电力市场化改革要求，优化完善业务规则和服务流程，推动符合市场准入条件的客户上平台直接交易，为售电公司和市场化客户提供高效便捷的结算服务。

2. 综合能源利用

如今，我国电力行业的综合能源、节能、电动汽车、能源电商等服务新业态已基本形成，服务价值创造能力与市场竞争能力显著提升。将能源系统，特别是天然气冷热电分布式能源、可再生能源和资源综合利益系统建筑在能源需求侧与终端低压电网、热网、冷网相互连接。分布式能源主要包括分布式发电、分布式储能和具有潜在功率产品价值的需求侧负荷响应资源。除面向电网的抽水储能电站外，三者不仅同属供用电范畴，彼此之间的联系也很密切。如分布式发电与分布式储能组成功能互补的微网，并可参与需求响应资源的负荷响应程序等。分布式电源的智能化管理是实现分布式电源合理接纳、优化运行的核心。通过分布式电源的接入和智能化管理，实现分布式电源的即插即用、远程监视控制、双向计量和结算。

用户根据需要可连接到配电网，也可不连网。而且用户在一批小型发电机组成的系统中发生大的停电概率较小。智能电网可以促进电力用户角色转变，使其兼有用电和售电两重属性；能够为用户搭建一个家庭用电综合服务平台，帮助用户合理选择用电方式，节约用能，有效降低用能费用支出。清洁能源的并网接入在提高了电网统一性和可靠性的同时，优化了电源装机结构，促进了电力供应结构多元化发展，使用户的能源利用更加高效环保。

1) 打造综合能源服务新业态，依托客户资源，开发客户增值服务套餐、能源解决方案等服务产品，拓展多元化综合能源服务业务，为投资商、供应商、金融机构、客户等主体提供匹配服务，提升客户经营决策支撑能力，延伸服务链条，打造高效清洁、价值延伸、合作共赢的综合能源服务生态圈。

2）打造节能服务新业态，依托公司能效数据共享平台，为客户提供用能监测、能效诊断、节能改造等服务，降低客户用能成本。采用合同能源管理、融资租赁、能源托管等方式，多渠道参与节能项目建设运营，搭建多方参与、利益共享的节能服务生态圈。

3）打造电动汽车服务新业态，拓展智慧车联网价值链，深化与城市公共服务行业、电动汽车企业、电动汽车共享及分时租赁企业等战略合作，争取政府出台政策和电价激励措施，探索可持续发展的商业运营模式，完善租车、售车、保险、金融、充电、维修等一条龙服务，构建智慧车联网生态圈。电动汽车是智能电网的一个重要组成部分，可以将电动汽车看作具有移动属性的特殊智能用电终端，在环境与碳排放环境当中，属于"显性"环保产品。电动汽车及储能装置的智能化管理可以优化电动汽车及储能装置的充放电策略和充放电时间，发挥对电网的削峰填谷功能，提高配电系统运营效率和供电水平，实现电动汽车及储能装置与电网间的信息互动及能量互动，满足用户多种用电需求，减少大气污染物排放，改善空气质量。

4）打造能源电商服务新业态，深化光伏云网平台应用，为客户提供采购安装、报装接电、运行监控、电费入表、智能运维、金融保险等一站式全流程服务，开展电力工程服务线上交易等业务，延伸电力金融服务，构建具有电力特色的能源电商服务新业态。

3. 电能替代

实现常态化、制度化，需求传导快速、响应协同高效的市场竞争机制基本形成，终端能源消费市场电能占比持续提升。

1）构建新型电能替代工作体系。整合公司系统内外部资源，依托省级支撑机构，组建居民家庭电气化 B2C 和政企客户电能替代 B2B 服务产品研发团队，常态化开展市场调查和客户价值研究，探索灵活的产品价格与服务策略，建设多元化市场营销渠道，推进产品、价格、渠道和推广全流程管理，实现电能替代常态化、制度化。

2）推进电能替代深度应用。全面推广家庭电采暖、电厨炊、蓄热储能电采暖、地源热泵、电锅炉等技术应用，深入挖掘政企客户电能替代需求，拓展全电景区、专业车辆电动化等新兴市场，持续提升终端能源消费市场电能占比。

4. 市场化交易

推动市场开拓向主动开发创造、精准满足客户需求转变，推进新兴业务市场化。拓展宏观经济、区域发展和行业景气数据横向维度，延伸客户用能数据采集，深化内外部数据交叉应用，建立客户能源需求分析模型，制定精准市场策略，挖掘客户电能替代潜力、综合能源服务需求，创新商业模式，挖掘能源大数据价值，构建数字化市场开拓业务模式。

5. 数字化转型

依托营销信息系统升级改造，健全完善客户信息档案，加强全渠道、多触点客户行为数据采集应用，完善跨行业信息共享应用，精准分析客户消费行为和服务需求，实施客户细分管理，按需定制服务产品、确定互动化服务方式,拓展服务过程中社交分享、在线互动等服务功能,打造新型数字化客户关系管理模式。

1)深化营配调信息贯通。整合营销、配网、调度等信息化系统资源,实施数据贯通和信息共享,强化供电服务全过程衔接,实现基础数据同源维护、前端业务有效融合和信息共享,推进停电信息流程报送、停电范围自动分析,客户报修自动定位、故障设备自动识别。

2)拓展现场移动终端应用。加快营配现场作业统一支撑平台建设和移动作业微应用,丰富现场作业应用功能,实现跨专业作业融合与终端整合,实现营配业务现场作业终端"一体化",提升服务效率。

3)深化大数据分析应用。依托国网全业务数据中心,加快推动省级大数据平台建设应用,强化数据采集与整合,深化客户诉求、用能行为、电能质量等数据分析应用,研究制定差异化营销服务策略,不断提升服务品质。

能源互联网以互联网技术为核心,以配电网为基础,以大规模可再生能源和分布式电源接入为主,实现信息技术与能源基础设施融合,通过能源管理系统对大规模可再生能源和分布式能源基础设施实施广域优化协调控制,实现冷、热、气、水、电等多种能源优化互补,提高用能效率的智能能源管控水平。实施电改后,售电市场放开将带来大量的、多样的用户服务需求(居民、工业、园区、节能低碳等),以及大量的智能终端的接入需求(分布式能源、电动汽车、智能家居、储能设备等),只有能源互联网才能实现能源供需的动态平衡,从而满足用户日益多样的用能需求。

6. 基于互联网的消费方式变更

1）增强电费收缴的主动告知功能。客户缴费前，利用短信、互联网等信息技术手段提醒用户缴费；用户缴费后，利用短信息马上告知用户缴费情况，以便用户进行核实，增加用户缴费的信任感；用户欠费时，提醒用户欠费情况，督促用户及时缴费，加强缴费服务的人性化特点。

2）高效利用智能电表、智能费控系统，实现远程服务，使更多人力投入到日常维护及提升用电服务质量的工作中去，有利于提高企业的工作效率，树立良好的企业服务形象。

3）积极探索适应社会潮流的新型缴费方式。近年来，不定点缴费方式的用量则呈逐年上升趋势，不定点缴费方式既能节省社会资源，又能方便用户缴费，是未来缴费的主要发展方向。例如，通过灵活的促销手段，扩大和抢占网络、移动支付市场；加强电网网络收费和移动收费系统的中长期建设工作，为未来条件成熟情况下涉足其他行业的收费市场奠定基础。

在智能电网中，用户是电力系统不可分割的一部分。鼓励和促进用户参与电力系统的运行和管理是智能电网的另一重要特征。从智能电网的角度来看，用户的需求完全是另一种可管理的资源，它将有助于平衡供求关系，确保系统的可靠性；从用户的角度来看，电力消费是一种经济的选择，通过参与电网的运行和管理，修正其使用和购买电力的方式，从而获得实实在在的好处。在智能电网中，和用户建立的双向实时的通信系统是实现鼓励和促进用户积极参与电力系统运行和管理的基础。实时通知用户其电力消费的成本、实时电价、电网的状况、计划停电信息以及其他一些服务的信息，同时用户也可以根据这些信息制定自己的电力使用的方案。智能电网可以接入小型家庭风力发电和屋顶光伏发电等装置，并推动电动汽车的大规模应用，从而提高清洁能源消费比重，减少城市污染。

7.3 本章小结

本章在地市级供电公司服务体系建设思路、框架以及优化后的地市级供电公司组织结构与各业务流程基础上，提出了"大服务格局"下地市级供电公司新型服务体系保障措施，包括组织保障、技术保障、管理保障与制度保障，分别从组织结构优化角度提出保障实施措施，并对线上线下一体化的建设提供了各类实施与保障措施。对人员配置优化提供了相关实施政策及原则，并提出了各项制度制定原则。至此，新的服务体系已经建设完成，包括建设思路及框架、组织结构、业务流程与保障措施。对于新型服务体系而言，该体系的提出并不能说明该体系的可行性，因此还需对其预期效果进行分析。

第8章

地市级供电公司电力服务体系创新效果分析

本章将对地市级供电公司建设思路和框架、组织结构、业务流程及保障措施进行系统地分析,在统筹目标导向、用户至上、创新引领、高效融合的四项基本原则下,坚持以服务客户为出发点和落脚点,按照企业供给侧、客户需求侧、社会效益的优化顺序,由内而外层层递进,建立起一套较为科学的供电公司服务体系。该体系首先调整企业内部管理架构,实现精益管理、精细协同、精准服务的核心组织力量;其次对外打造卓越服务营销,提高供电服务能力、市场开拓能力和能源服务新业态发展能力;最后从社会成本效益角度,以供电公司为例,展望地市级供电公司在大服务格局下形成的新型服务体系预期优化效果,以期为全面实现公司战略目标提供新动能。

8.1 供电公司供给侧优化预期影响

地市级供电公司"大服务格局"变更支撑对公司企业供给侧

带来四方面效率的提升：

1. 组织结构扁平化

管理幅度变大，缩短上下级距离，密切上下级关系，信息纵向流通加快，提升企业内部管理效率，职能结构向下综合化、向上专业化，通过这些改革，使跨专业合作、跨部门协作的工作方式具备了稳定支撑，提供更有针对性的优质服务。

2. 业务流程精简化

聚焦客户诉求，紧盯新时代营商环境，优化调整供电服务流程，压减环节，减少审批，缩短各过程间的反应时间，业务流程环节相比减少15%。减少审批，各流程平均运行时间缩短，提升了业务流程的运行效率，减少企业内部资源浪费，节约资源的同时开放了企业用于市场开拓能力和能源服务新业态发展能力，提升公司整体资源配置效率。

3. 人员配置科学化

整合供电服务资源。充分发挥岗位职能，全面建成服务前端政企客户经理、台区客户经理、营业厅电管家"三个经理"制度，最大程度实现"一口对外、首问负责、一岗多能"，覆盖全专业全过程的服务监督机制，减少了以往"踢皮球"式互相推诿责任现象，供电公司各个业务需要用户前往营业厅的次数减少，适应服务新模式新业态，柜面人员减少，节约人力与建设资源，适应服务新模式新业态，提升人员利用效率与企业运行效率。

4. 反馈机制数字化

依托"网上国网"平台，拓展"互联网+"服务渠道，优化线上服务体验，促进客户投诉次数减少以及故障派单及时率提高。

互联网平台的合理运用，促进了管理层对于业务流程运行监督的及时性，极大程度规避了传统信息传递方式造成的信息丢失与破坏，同时信息的可视化也可对业务流程的对应人员起到监督作用，从而提高企业运行效率与资源配置效率，进而提高企业对客户需求的响应能力，使企业处于不断发现、不断纠正自身发展弊端的状态之中。

8.2 供电公司客户需求侧优化预期影响

地市级供电公司"大服务格局"变更支撑对企业客户需求侧带来以下两方面影响：

1. 客户服务创新能力提升，客户满意度提升，客户忠诚度提升

强化信息整合和服务创新能力，信息化平台的运用，深化营配调数据贯通，实现95598业务系统、营销业务系统信息共享，提高服务支撑能力，推进了地市级供电公司营配信息资源的整合，信息共享与作业终端的融合，使企业紧跟技术手段的发展步伐。对于新型服务体系的构建而言，信息化平台是一切的基础，无论对于企业内部组织结构与业务流程的运行，还是对于企业外部与客户侧业务活动的展开，信息化平台的运用，实现营配业务现场作业终端"一体化"，提升服务效率，最终促进企业效益的提升，通过线上平台的推广与优化，在客户需求至上优化的服务体系中，从建设思路、业务流程到组织结构、保障措施，都始终围绕客户需求作为最关键的影响因素进行考量，将满足客户需求作为目标进行优化。在此基础上优化后的服务体系能够做到最大程度响应客户需求，及时对客户需求与意见进行反馈；"三个经理"的构建保证了企业对不同客户提供差异化的服务，从而满足不同客户差异化的需求；客户服务效率提升的直接结果就是客户对于企业各类业务满意度的提升，"大服务格局"下不断强调客户满意度为企业发展的重要考虑因素，而优化后的服务体系通过各个方面提升了地市级供电公司客户服务效率，进而提升了客户满意度。客户满意度得到提升，对处于竞争环境中的企业而言，意味着稳定的客源和经营的可持续，随着新型服务体系的不断优化与发展，将使具有一定满意度的客户逐渐建立起对企业的消费忠诚度，即企业客户忠诚度，企业以满足客户的需求和期望为目标，有效地消除和预防客户的抱怨和投诉、不断提高客户满意度，促使客户的忠诚，在企业与客户之间建立起一种相互信任、相互依赖的"质量价值链"。

2. 组织效率变组织效益

组织结构与业务流程的精简将直接缩短业务流程路径、缩减运行时间，单位时间内可处理的业务数量增多，通过流程优化与业务系统的推广，减少工单下派时间、提高故障派单及时率、节约人力与办公成本；线上平台的推广，将提升线上业务受理能力、降低公司运营成本、提高企业单位时间内的运行效率。而从长期看，运行效率的提高将作用于客户，吸引垂直产业链上下游更多的客户去关注和购买企业的产品与服务，促使企业建立全生命周期管理，提高企业效益。基于客户的服务体系，将在很大程度上转变之前企业的运营方式，从效益优化转换为客户优先，高质量的服务响应与差异化的客户服务后台，都将大幅度提高客户满意度,企业资源投入效率也将获得提升。统一高效的人员配置,减少了企业运行当中出现的工作交叉、权责不明及懒散拖延等情况的发生,对于企业管理层而言,流程中各过程间的误差与拖延将减少,给予管理者更多时间与精力去经营管理层面上的事务;统一高效的人员配置也将精减人员组成,提升人力资源利用效率,进而提升企业运行效率,最终反映到企业效益的增长。

8.3 供电公司社会效益优化预期影响

地市级供电公司"大服务格局"变更支撑对企业的社会效益由内而外体现在员工满意度、企业社会形象和助力低碳可持续发展建设。

1. 员工满意是企业最终用户满意的保证

员工个人的需求和期望是其行为或为目标所做活动的原动力,其满意度是员工对其工作中所包含的各项因素进行评估的一种态度的反映,据权威机构的研究表明,员工满意度每提高3%,企业的客户满意度将提高5%;员工满意度达到80%的公司,平均利润率增长要高出同行业其他公司20%左右。企业如何对待员工,员工就如何对企业的客户。在企业内部上下树立起"以人为本"的经营理念,不仅会提高外部客户的满意度,也将影响到内部员工对于企业的满意度,员工对企业满意度的提高,不断累积会转换成为忠诚员工,这种转变会激励员工自发地进行自身能力的提高,这样的提升最终也将通过资源利用效率的提高增加企业效益。

2. 打造有社会责任与担当的企业形象

供电企业履行社会责任是响应并践行科学发展观的需要。在经济建设面临转型的当下，市场经济飞速发展，电力企业面对的不仅仅是简单的用电客户，而是肩负服务党和国家工作大局、服务人民美好生活、服务经济社会发展，提供清洁能源、可靠供电的责任和义务。作为国有企业的供电企业，是为了让人们享用到发展的成果，例如可靠的持续供电、电价的优惠下调、清洁环保的电力能源，这些都是电力公司履行企业社会责任的途径和方式。人民物质文化需求的增长也是推动社会发展的原动力，因此社会发展是助推供电企业经济效益增长的有力保障。基于"大服务格局"的新型服务体系所采用的理念与方法，对处于新时代的供电企业而言，服务体系的变革势在必行，将以往基于互补的垂直分工关系过渡到基于部分领域存在竞争的水平分工关系，并朝着基于新型分工体系下互学互鉴的共创关系不断迈进，不断推进行业的发展与进步。

助力低碳可持续发展建设。通过助力低碳可持续发展建设，推动电能替代，线上办公的推广，实现办公资源节约。低碳策略下的电力营销管理不仅是电力产业发展的必要措施，更是我国经济实现资源节约型、环境友好型发展的客观要求，电力企业及其相关职能部门应努力推动低碳电力营销，落实煤改电停电不停暖的保障措施。新型服务体系中对于新能源的重视将响应公众对于新能源用电设备的接纳度，进一步采用新能源用电设备，将减少传统火力发电、煤油动力设备排放造成的污染，对于环境问题日益严峻的今天，推广绿色能源将促进企业及社会的可持续发展。

第 9 章

总结与建议

本书旨在响应"大服务格局"的号召,在新的电改环境下,响应政策号召,研究行业创新服务手段和功能、行业相关业务发展动态与方向、行业客户细分原理,以供电公司为例,研究"互联网+"环境下的地市级供电公司服务体系现状,以客户满意度为核心,对地市级供电公司服务体系进行优化,落实"五个服务"内部运营机制,做好"大服务格局"支撑的变更。

9.1 总结

本书通过解读国家深化电力体制改革的方针政策要求和省市关于进一步落实电力企业改革的实质性文件和报告精神,理清了当前改革建设的总体部署和目标思路。之后通过详尽的理论分析、客户细分、客户需求与客户满意度调查,得到供电公司客户满意度与需求情况,在此基础上,以供电公司为例,对地市级供电公司服务体系进行了详细分析,分析出各个部分存在的问题,为地市级供电公司"大服务格局"变更支撑提供了充足的理论基础与现实需求。之后提出了创新的地市级供电公司变更支撑建设思路和框架，包括转型服务模式，拓展能源市场；强化资源整合，深化组织变革；完善保障机制，优化服务流程。确立了地市级供电公司服务体系建设工作目标，强调以客户为中心、协同高效、价值共创、精益管理。同时编制了地市级供电公司服务体系建设基本原则，坚持目标导向，坚持用户至上，坚持创新引领及坚持高效融合。随后以供电公司为例，对其组织结构进行了优化，以客户满意度为基础，提出了"强矩阵"式组织模式的构建，"1+N"模式的构建，提出专业专注的前端服务"三个经理"概念，打造高效协同的后台服务支撑团队以及组建供电服务指挥中心。

本书基于"大服务格局"下地市级供电公司组织结构优化内容，针对地市级供电公司业务流程进行了全方位的优化，包括供电相关业务流程优化、优质服务类流程优化、能源类业务流程优化和智能化用电业务流程优化，对各类业务流程进行了人员精简与集中，缩减各流程运行过程，针对不同客户进行了业务流程的优化使其能够提供高质量的差异化服务。在优化过程中总结出针对地市级供电公司而言，面对"大服务格局"时可采用的具有可推广性的业务流程优化方法，使本书提出的业务流程优化内容具有一定的实际意义，有利于帮助其他企业进行"大服务格局"构建，体现出试点支撑变更的作用。

在完成建设思路构建，组织结构与业务流程优化之后，本书内容已基本解决服务体系优化的基本问题，为保证服务体系优化的顺利执行，还提出了相关的保障措施，包括组织保障、技术保障、管理保障与制度保障。组织保障具体内容有成立市场与客户服务委员会，对营销部中管理职能部门与业务执行部门进行分离；技术保障具体内容有信息化办公平台建设、完善及推广，线上线下一体化平台建设（线上营业厅与线下营业厅布局）；管理保障包括负责人职责安排，考核机制与监督机制的建立；制度保障包括工作制度保障、人力资源制度保障、服务标准制度保障与奖惩制度保障。

在完成地市级供电公司"大服务格局"试点变更支撑之后，本书对该研究的预期效果进行了理论分析，从企业供给侧，需求侧和社会层面对新型服务体系对企业影响进行了分析。最终完成了地市级供电公司"大服务格局"试点变更支撑全部内容。

9.2 建议

随着市场经济的发展及国家、地方相关政策的出台，营销组织模式的重要性日益体现，供电服务提前介入、业务相互融合及项目潜在挖掘的需求越显迫切，信息提前获取及过程跟踪服务，成为推进营销组织模式改革工作的关键因素。目前在电力企业层面上，职责主要集中在市场拓展班专业过于细分，未发挥电网公司营销网络优势，各部门之间沟通机制不完善，合力效应未明显发挥，很难满足业务快速发展的新要求，对目标客户及潜力项目的寻求存在困难，难以广泛深入营销组织变革的工作。综上，创新管理流程，推动新型营销组织模式与传统营销业务的深度融合，成为破解当前困难的有效方法。

1. 实现内外联动，建立多单位多专业跨部门内外协同机制

为积极推进营销组织变革工作的顺利进行，各个部门应积极建立内外部的协同工作机制。供电公司应深入贯彻落实国家电网公司工作要求。大数据分析挖掘客户潜力。整合营销系统、采集系统数据资源，对客户的用电地址、运行容量、行业类别、用电容量、每日用电量进行大数据分析，在客户与电力营销服务之间做精准匹配，实现带着技术方案走访客户，深度挖掘客户潜力。

2. 明确分工职责，开展新型营销组织模式与传统模式的融合

供电公司营销部负责执行公司管理制度和标准，负责日常报表的统计、分析和上报，指导、督促本部各业务室、各县公司以及供电所开展工作，定期开展考核。

市场及大客户服务室负责在业扩报装环节挖掘项目潜力，组织潜力项目查勘，确定储备项目，推动、组织项目实施，负责业务培训和宣传，组织开展小组活动。

营业及电费室负责电力客户现场服务，挖掘潜力项目，协助市场及大客户服务室开展项目现场查勘、洽谈推进和现场实施工作。

计量室负责项目相关的电能计量设备现场装拆、周期轮换、故障处理，以及采集设备的安装、运维，采集数据的监测、分析等工作。供电所负责业务管辖范围内用户能效项目潜力发掘和储备工作。

3. 优化工作流程，强化信息管理，保障项目质量

工作与业扩报装、客户现场服务等营销传统业务进行深度融合，在业扩报装申请、用电检查环节收集潜力信息，建立潜力项目库，在现场勘查环节增加潜力项目查勘内容，向用户提供技术方案咨询，将该项目纳入公司业扩报装"绿色通道"，相关业务纳入营销信息系统和能源综合服务平台管理。

大客户经理班在办理高压新装、高压增容、小区新装等传统业务中挖掘能效，在用电大项目前期咨询现场查勘时，根据用户设备和用能情况填写调查表，录入营销信息系统，形成潜力项目信息，为市场班项目选择进行调查联络，拓展项目挖掘渠道。

用电检查班在客户现场服务、低压非居民新装增容等业务相关环节挖掘潜力，根据用户设备情况和用能情况填写调研表，录入营销信息系统，形成潜力项目信息。

市场拓展班根据潜力项目信息清单，组织客户经理、用电检查员和省节能公司等相关技术支持单位进行现场查勘，确定能效方案，录入营销信息系统，配合省节能公司等支撑单位做好项目跟踪及转化工作。

4. 培训提升人才技能，评价考核助力绩效

通过现场培训及网络自考等多种形式，对客户经理、用电检查员开展相关培训，采用普考、调考方式，促进工作人员学习积极性，提升业务技能水平。同时，充分应用经验交流、"传学帮带""一岗双责"等多种形式，开展人员培训及宣传推广工作，使全体员工能够积极看待、分析和解决工作中遇到的问题，营造全员应用的良好氛围。上级单位将指标（工作完成率等）纳入企业负责人业绩考核或同业对标指标管理，对市县级供电公司工作完成情况进行考核评价，实行"月统计、月分析、月通报"制度，有效进行风险管控，提质增效，以评价考核助力绩效。

参 考 文 献

［1］史连军. 我国电力市场运营现状、挑战及发展思路［J］. 中国电力企业管理，2018（13）：49-53.

［2］中共中央，国务院. 中共中央 国务院 关于进一步深化电力体制改革的若干意见：中发［2015］9号［A］. 2015.

［3］国家发展改革委，国家能源局. 关于推进输配电价改革的实施意见［A］. 2015.

［4］国家发展改革委，国家能源局. 关于电力交易机构组建和规范运行的实施意见［A］. 2015.

［5］国家电网公司. 国家电网公司关于坚持以客户为中心进一步提升优质服务水平的意见：国家电网办［2018］1号［A］. 2018.

［6］国网陕西省电力公司. 国网陕西省电力公司关于各地市公司成立供电服务指挥中心（配网调控中心）的批复：陕电人［2018］72号［A］. 2018.

［7］AA W, ELFRING T. Realizing innovation in services Firms［J］. Scandinavian Journal of Management, 2002, 18: 155-171.

［8］TIDD J, HULL F. Service innovation: organizational responses to technological opportunities and market imperatives［M］. London: Imperial College Press, 2003.

［9］BART V A, LOURENS B, PIM D H. Services innovation, performance and policy: a review［EB/OL］. http://www.ggdc.net/pub/SIID_papers/synthese%20paper.pdf, 2003.

［10］BERRY L, SHANKAR V, PARISH T, et al. Creating new markets through service innovation［J］. Sloan Management Review, 2006, 47（2）: 56-63.

［11］MARJA T, TIINA T. Emergence of innovations in services: theoretical discussion and two case studies［C］. Presentation in International ProACT Conference: "INNOVATION PRESSURE—Rethinking Competitiveness, Policy and the Society in a Globalized Economy", 2006, 3: 15-17.

［12］TIDD J, BESSANT J, PAVITT K. Managing innovation: Integrating technological, market and organizational change [M]. New Jersey: John Wiley and Sons, 2005.

[13] SUNDBO J. Management of innovation in services [J]. The Service Industries Journal, 1997 (3): 432-455.

[14] GHAURI P, CATEORA P. International Marketing [M]. New York: McGraw-Hill/Irwin, 2013.

[15] TROUT J. Positioning [M]. New York: McGraw-Hill, 2001.

[16] SLYWOTZKY A J, WEBER K. Demand: Creating What People Love Before They Know They Want It [M] London: Hachette UK, 2011.

[17] 刘立, 曹敏, 白永秀. 电力市场改革背景下中美售电公司营销策略分析 [J]. 福建论坛 (人文社会科学版), 2017 (08): 16-22.

[18] HAMMER M. Reengineering Work: Don't Automate, Obliterate [J]. Harvard business review 68. 4 (1990): 104-112.

[19] HAMMER M. CHAMPY J. Business Process Reengineering [M]. London: Nicholas Brealey, 1993: 730-755.

[20] DAVENPORT T H. Process innovation: reengineering work through information technology [M]. Boston: Harvard Business Press, 1993.

[21] PEPPARD J, ROWLAND P. The essence of business process re-engineering [M]. New Jersey: Prentice-Hall, 1995.

[22] ELZINGA D J, HORAK T, LEE C, et al. Business Process Management: Survey and Methodology [J]. IEEE Transactions on Engineering Management, 42 (2): 119-128.

[23] MOHAMED ZAIRI. Business process management: a boundaryless approach to modern competitiveness [J]. Business process management journal 1997, 3 (1): 64-80.

[24] LEE J. KRAJEWSKI, LARRY P. Ritzman, et al. Operations management [M]. Pearson, 2013.

[25] 刘邦伟. 电力市场营销策略及优质服务在其中的作用 [J]. 中国新技术新产品, 2016 (01): 171-172.

[26] 马建宁. 供电企业电力营销策略的创新探讨 [J]. 中国市场, 2016 (14): 29-30.

[27] 冯爱莲. 供电企业电力营销策略研究 [J]. 科技资讯, 2015, 13 (36): 201-202.

[28] 屈金国. 供电企业在新经济形势下的营销对策分析 [J]. 山东工业技术, 2015 (24): 177.

[29] 俞东慧, 黄丽华, 石光华. BPR 项目的实施: 革命性变革和渐进性变革 [J]. 中国管理科学, 2003 (02): 56-61.

[30] 王建仁, 王锦, 赵斌, 段刚龙. 基于业务流程生命周期的流程知识分类及管理 [J]. 情报杂志, 2006 (02): 72-74.

[31] 水藏玺, 吴平新, 刘志坚. 流程优化与再造: Business process improve 和 re-engineering [M]. 中国经济出版社, 2013.

[32] 张瑞莲. ERP 环境下的电网物资管理业务流程再造分析 [J]. 内蒙古科技与经济, 2013 (10): 33-35.

[33] 李雪. 互联网+时代国网安阳供电公司营销策略研究 [D]. 郑州: 郑州大学, 2018.

[34] 张冉. 基于互联网+的电力服务营销策略研究 [J]. 能源与节能, 2016 (01): 70-71.

[35] 江克宜, 钟林. 电力服务营销 [M]. 北京: 中国电力出版社, 2004.

[36] 孙海军. 供电企业差异化服务的基本理论 [J]. 科技与企业, 2012 (07): 29.

[37] 方光罗. 市场营销学 [M]. 大连: 东北财经大学出版社, 2004: 214.

[38] 狄振鹏. 服务营销技巧 [M]. 北京: 北京大学出版社, 2010.

[39] GRONROOS C. Service Management and Marketing: A Customer Relationship Management Approach [M]. 2nd ed. New Jersey: John Wiley and Sons, 2002.

[40] 姚惠珍. 浅析组织机构变革在电力科技企业运营管理中的实践 [C]//《中国电力企业管理》杂志社. 战略风险管控与安全生产运行管理——2015 全国电力行业企业管理创新论文大赛获奖论文, 2015.

[41] 张思若. 黑龙江省电力有限公司企业信息化中的业务流程重组研究 [D]. 哈尔滨：哈尔滨理工大学, 2013.

[42] 何志祥. 诸暨市供电公司互联网+业扩服务探索与实践 [D]. 北京：华北电力大学, 2017.

[43] 何欣. 业务流程建模研究与设计 [D]. 天津：天津师范大学, 2006.

[44] 刘新才. 电力营销核心业务流程的再造 [J]. 电力信息化, 2005（05）：32-34.

[45] 林宁. 新形势下电力市场营销策略研究 [J]. 企业技术开发, 2015（29）：126-146.

[46] 金礼超. 宁波供电公司业扩报装流程优化研究 [D]. 北京：华北电力大学, 2015.

[47] 梁涌. WH市电业局业扩报装流程再造研究 [D]. 天津：天津大学, 2017.

[48] 李强. 基于瓶颈管理的业务流程再造方法及应用研究 [D]. 天津：河北工业大学, 2005.

[49] 赵田. 电信业客户细分研究 [D]. 杭州：浙江工商大学, 2016.

[50] 聂巾帼. ZHT供电公司服务差异化战略研究 [D]. 淄博：山东理工大学, 2014.

[51] 唐振宇. 中国电力技术装备有限公司营销组织优化研究 [D]. 北京：华北电力大学, 2014.

[52] 吴韦东. 电力营销一体化下的95598客户服务体系建设分析 [J]. 科技与企业, 2015（03）：19.

[53] 金金, 李红梅, 薛峪峰. "互联网+"在电力领域中的应用探索 [J]. 无线互联科技, 2015（16）：93-94.

[54] 汤荣华, 冯颖. 电力网上营业厅系统设计探讨 [J]. 中国高新技术企业, 2015（34）：19-20.